선하고 거룩한 동역

죠이선교회는 예수님을 첫째로(Jesus First)
이웃을 둘째로(Others Second)
나 자신을 마지막으로(You Third) 둘 때
참 기쁨(JOY)이 있다는 죠이 정신(JOY Spirit)을 토대로
하나님 나라의 확장을 위해 지역 교회와 협력, 보완하는
선교 단체로서 지상 명령을 성취한다는 사명으로 일합니다.

죠이선교회 출판부는 그리스도를 대신한 사신으로
문서를 통한 지상 명령 성취와 하나님 나라 확장을 위해 노력합니다.


**선하고 거룩한 동역**
Copyright ⓒ 2020 김한성

이 책의 저작권은 저자와 독점 계약한 죠이선교회에 있습니다.
신 저작권법에 의하여 한국 내에서 보호받는 저작물이므로 무단 전재와 무단 복제를
금합니다.

# 선하고 거룩한 동역

선교 재정 모금을 위한 안내서

김한성 지음

죠이선교회

· 차례 ·

추천사 _6
서문_선하고 거룩한 동역자를 찾는 당신에게! _11

1장　하경의 고민 _17
　　"사역을 위해 재정 모금을 잘하는 방법이 없을까?"

2장　사역의 주체 _31
　　"주인 행세를 할 것이 아니라 주인 의식을 가져야 한다고?"

3장　선교 역사 속의 재정 _61
　　"옛날 선교사들은 어떻게 선교 재정을 모금했을까?"

4장　후원자 vs. 동역자 _83
　　"동역자라고 부르지만 속으로는 후원자라고 생각하지 않나요?"

5장　선교 사역의 범위 _109
　　"누가 재정 모금 좀 대신해 주면 안 될까요?"

6장　동역할 가치가 있는 사역 _131
　　"큰 프로젝트나 잘 포장된 사역을 기대하는 걸까?"

| | | |
|---|---|---|
| 7장 | 소통은 모금의 뿌리 | _159 |
| | "성도들과 무엇을 소통하는 것이 가장 중요할까?" | |
| 8장 | 재정 동역자를 찾는 세 가지 활동 | _191 |
| | "어떻게 많은 사람과 하나님의 사역을 함께할 수 있을까?" | |
| 9장 | 하경의 깨달음들 | _225 |
| | "모금하지 못할 사람은 없다!" | |

| | | |
|---|---|---|
| 부록 1 | 꼭 알아야 할 선교 편지 작성법 | _236 |
| 부록 2 | 선교 프로젝트 모금의 예 | _245 |
| 부록 3 | 한국인은 얼마나 오랫동안 기부할까? | _248 |
| 부록 4 | 선교 재정 모금의 공식 | _253 |
| 부록 5 | 도움이 될 만한 인터넷 자료와 도서 | _257 |

| | |
|---|---|
| 참고 문헌 | _260 |
| 주 | _263 |

## 추천사

"선교는 하나님의 사역이다. 선교사는 자신의 뜻이 아닌 하나님의 뜻에 순종하고, 하나님은 하나님의 일을 위해 선교사를 부르신다"는 김한성 교수님의 말씀에 동의합니다.

선교사에는 가는 선교사와 보내는 선교사가 있고, 이 둘의 책무는 다릅니다. 가는 선교사는 보내는 선교사가 선교 현장을 잘 이해하고 하나님의 마음을 알도록 다양한 방법으로 의사소통해야 합니다. 보내는 선교사는 가는 선교사를 위해 중보 기도하고 사역을 위한 필요를 공급해야 합니다. 성실하게 서로 동역해야 합니다. 두 그룹이 건강한 동역으로 신뢰 관계를 맺어 가면 행복한 선교가 이루어집니다.

제가 존경하는 목사님이 제게 이렇게 말했습니다. "권 선교사는 몽골에서 섬기는 사역자이고, 나는 한국에서 섬기는 사역자입니다. 우리는 동역자입니다." 저는 이 말씀에 큰 격려를 받았습니다. 후원자는 자신의 책임과 원하는 권한, 그리고 동역 기간을 구체화하여 선교사로 하여금 기대치를 객관화할 수 있도록 하면 더 좋을 것 같습니다. 현장 선교사도 후원자, 또는 후원 그룹의 갑작스러운 어려움들을 이해하는 넓은 마음을 가져야 합니다. 그러면 행복한 동역 관계로 지속할 수 있을 것입니다. 물론 선교사에게는 현장에서의 검소한 생활 습관, 그리고 지혜로운 재정 사용이 요구됩니다.

선교사는 성경적 원리 안에서 자기의 성향에 맞는 자신만의 모금 방법을 창의적으로 개발하는 것이 좋을 것 같다는 생각을 합니다. 이런 점에서 이 책은 선교사들에게 큰 도움이 될 것입니다.

김한성 교수님은 타문화권 선교를 직접 해 본 경험이 있으시고, 현재 선교 강의뿐 아니라 단기 선교 팀을 매년 운영하시면서 재정 모금을 실제로 하고 계십니다. 또한 이 책은 스토리텔링 방식으로 저술되었기 때문에, 내용이 실제적이고 무겁지 않습니다.

이 책은 모금 활동으로 수고하는 선교사와 보내는 선교사인 후원자들에게 매우 유익한 도서이며, 저는 이 책을 감히 추천 드리는 바입니다.

_권오문 (몽골국제대학교 총장)

저는 대학생 선교를 위해 25년 째 전임으로 사역하고 있습니다. 제가 대학생 선교에 전적으로 사역할 수 있던 것은 하나님의 은혜이면서 동시에 25년 동안 한마음으로 동역해 온 동역자들과 후원 교회들이 있었기 때문입니다.

처음 모금을 시작해야 했던 시절에는 급한 마음에 주변 지인들이 몇 만 원짜리 후원자로 보이곤 했습니다. 그로 인해 직접적으로 후원에 대한 말은 꺼내 보지도 못한 채 저 자신의 세속성을 자책하곤 했지요. 이 책을 읽으면서 25년 전 사역자로서 순수했으나, 미숙했던 저의 모습이 떠올랐습니다.

저자는 모금과 관련한 성경적인 이해와, 재정 동역자를 만들어 그들도 하나님의 사역에 동참케 할 수 있는 방법을 구체적으로 제시하고 있습니다. 읽는 내내 지난 시간 제가 후원 동역자들과 맺었던 관계 중 부족했던 것이 무엇이고 효과적이었던 것이 무엇인지 스스로 점검해 볼 수 있었습니다.

어려운 시대지만 매년 하나님의 부르심 앞에 순종하며 대학생 선교를 위해 헌신하는 간사(선교사)들이 나오고 있습니다. 그들에게 장기적인 사역을 위해 재정 동역자의 중요성을 강조하면서도 정작 구체적인 지침을 주지 못하고 각자의 역량에 맡길 때가 많았습니다. 그러나 이제는 이 책을 선물할 수 있게 되었습니다. 참 감사한 일입니다.

_김수억 (죠이선교회 대표)

선교를 하고 싶다는 지역 교회 목사님을 만난 적이 있습니다. 그분께서는 우리 교회가 선교를 하려면 돈이 얼마나 들겠느냐고 물으셨습니다. 그리고 이 점이 가장 궁금하시다고 말씀하셨습니다. 그 목사님의 질문에 저는 많은 생각이 들었습니다. 확실한 것은 선교와 돈이 불가분의 관계라는 점입니다. 위대한 선교사인 사도 바울도 서신에서 여러 번 후원 이야기를 언급했습니다.

많은 선교사가 재정 후원과 관련해서 많은 문제를 경험하고 있습니다. 김한성 교수님의 이 책이 그런 어려움에 직면하고 있는 선교사들에게 이론적으로나 실질적으로 많은 도움을 제공할 것이라고 생각합니다. 매우 딱딱한 내용을 세 명의 선교사가 만나 대화하는 형식으로 풀어 내어 읽기 편하다는 점도 이 책의 장점입니다.

이 책은 재정 후원을 필요로 하는 선교사만이 아니라 후원하는 교회나 개인이 읽어도 큰 유익을 얻을 것 같습니다. 재정을 고민하는 선교사의 실제 상황에 대한 이해가 한국 교회의 선교를 한층 더 성숙하게 만들어 줄 거라 믿고, 모든 성도에게 일독을 권합니다.

_손창남 (OMF 선교사, 「교회와 선교」 저자)

한국 선교계에 모금과 관련한 훈련 과정과 자료가 거의 전무한 현실에 비추어 볼 때, 본서는 사막의 단비와 같은 책입니다.

본서의 장점은 세 명의 선교사와 모금에 도움을 주는 한 명의 교수가 나누는 대화체로 구성되어 있어 누구나 앉은자리에서 부담 없이, 끝까지 읽을 수 있는 점입니다. 선교사가 모금 과정에서 겪을 수밖에 없는 실질적인 문제들을 있는 그대로 다루고 있습니다. 그러면서도 중간 중간에 중요한 선교 신학적 내용들을 포함한 교정의 근거를 제시함으로써, 깊은 울림을 제공할 뿐만 아니라 선교를 위한 모금의 실질적 방향까지도 제시해 줍니다.

본서의 또 하나의 장점은 실용성입니다. 본서는 모금을 위한 특정 방법들, 혹은 원리들만을 제시하지 않고, 모금에 대한 사역 원리들에 따른 방법들을 제시하고 있습니다(특히 8장과 부록을 참조). 선교사들뿐만 아니라, 복음 사역을 위해 모금이 필요한 사역자들이라면 모두에게 일독을 권하고 싶습니다.

김한성 교수는 선교는 하나님의 선교라는 것을 멈추지 않고 설명하며, 하나님께서 선교를 위해 선교사를 세우실 때 필요한 모든 것을 공급해 주실 여건(동역자)도 함께 허락하신다는 성경적 원리를 제시합니다. 어떤 면에서, 이 주장은 너무도 당연한 것이기 때문에 다수의 뇌리에 현실성 없는 신앙적 관념으로 치부되고 있는 것이 사실입니다. 그러나 본서는 이것이 관념이 아니라 실재임을 강력하게 촉구하며 궁극적으로 선교사와 동역자들의 관계를 제공자와 피제공자가 아닌, 선교 공동체로 제시합니다.

_이대헌 (미래문화연구원 원장, 주안대학원대학교 겸임 교수)

이 책은 타문화권 사역자들이 소홀히 여기는 주제인 재정 모금에 대한 것을 다루고 있습니다. 김한성 교수의 제안들은 설득력 있고 통찰력 있으며 대단히 성경적입니다. 독자들은 이야기를 재미있게 읽는 동안, 재정 모금에 대해 배우며 성장할 것입니다. 이 책은 장기 선교 사역을 위해 재정 모금을 하는 사람이라면 누구나 반드시 읽어야 합니다.

_톰 스태폰 (바이올라대학교 쿡선교대학원 명예교수)

# 서문

### 선하고 거룩한 동역자를 찾는 당신에게!

많은 선교사가 선교지에서 크고 작은 어려움들을 겪는다. 이들이 직면하는 큰 어려움 중의 하나가 넉넉하지 못한 재정이다. 적잖은 선교사가 재정 때문에 사역과 가정생활에서 어려움을 겪는다. 이들은 돈 때문에 걱정과 근심에 빠지기도 하며, 재정 문제를 주요 기도 제목으로 나누기도 한다. 선교사들이 선교 편지에서 재정의 필요를 자주 언급한다. 심지어 어떤 기도 편지는 '기승전돈'의 구조를 가지고 있다. 정말 뭐니 뭐니 해도 머니가 문제다! 참 큰일이다.

나는 선교사의 이런 어려움이 남 이야기 같지 않다. 내가 타문화권 선교사로 섬기던 때가 있었다. 나는 요즘도 선교사들을 자주 만나고, 선교 현장을 자주 방문하고, 여러 선교사의 자서전을 읽는다. 그리고 현재 대학교에서 선교를 연구하고 가르친다. 그래서 현장 선교사들을 돕고자 하는 마음으로 이 책을 쓰게 되었다. 이 책의 내용이 기독교 단체 관계자들에게도 도움이 되기를 바란다.

사실 그동안 한국 선교계는 재정 모금 훈련이 매우 약했다. 이것은 지금도 크게 다르지 않다. 3만 명에 가까운 선교사! 많은 신교사 파송 기관! 신학교마다 있는 선교학 교수들! 수많은 훈련과 선교 도서! 하지만 재정 모금을 어떻게 할지에 대해 가르치는 훈련이나 책은 찾기 힘들다. 홍수 속의 기갈이다!

선교사들이 각자 알아서 재정 모금 하는 것이 한국 선교계의 재정 모금의 실상이다. 마침 선교사 옆에 좋은 조언자라도 있으면 다행이다. 하지만 대개 어깨너머로 재정 모금 방법을 배운다. 아니면 자신은 "성격상 모금을 하지 못한다"고 말하며 포기하는 것이 실상이다.

이 책의 목적은 선교사들이 효과적으로 재정 모금을 할 수 있도록 돕는 것이다. 선교사가 이 책을 읽고 배운 대로 한다면, 그의 선교 재정은 늘어날 것이다. 나는 이것을 확실히 믿는다.

이 책은 '선교 재정 모금'이라는 분야에서 국내 저자가 집필한 최초의 도서이다. 안타깝게도 현재 우리나라에는 선교 재정 모금에 관해 쉽게 읽을 수 있는 책이 없다. 읽기 쉬운 책은 둘째 치고, 선교 재정 모금과 관련된 도서도 거의 없다. 과거에 번역서가 출간된 적은 있지만, 그마저도 현재 절판된 상태이다. 그나마 다행스럽게도 일반 NGO분야에서 모금 관련 도서가 몇 권 출간되었다. 이 또한 대부분이 번역서이다.

한국 선교사들이 선교 재정 모금에 대해 잘 모르거나 낯설어 하는 이유가 여기에 있지 않을까? 그동안 선교사들이 이 주제에 대해 배우고 싶어도 배울 곳이 없고, 읽을 만한 책이 없었다. 물론 이 작은 책 한 권이 모든 답을 주는 것은 아니다. 하지만 이 책이 선교 재정 모금을 개선하는 좋은 시작이 될 수 있다.

나는 이 책에서 스토리텔링 방법으로 재정 모금을 이야기했다.

사실 이것은 내가 처음 해 보는 시도였다. 내가 이런 시도를 할 수 있었던 것은 나의 은사인 톰 스태픈 교수의 영향이 컸다. 미국 바이올라대학교의 명예교수인 스태픈 교수는 구전 문화와 스토리텔링을 통한 교육에 조예가 깊다. 이분은 선교 사역에서 이야기의 중요성을 누구보다도 잘 이해하셨다. 본인도 직접 선교 학술 도서인 「촉진자 시대」(The Facilitator Era, 2011)를 스토리텔링 방식으로 저술하기도 했다. 이분에게 오랫동안 배우고, 논문 지도까지 받았던 것이 이런 열매를 맺게 했다. 이 기회를 통해 톰 스태픈 교수에게 깊은 감사를 드린다.

선교사들이 이 책을 통해 선교 사역과 재정 모금에 큰 도움을 받기를 바란다. 선교사들은 우선 선교 사역과 재정 모금이 밀접하게 연결되어 있음을 새롭게 알게 될 것이다. 선교사들은 재정 모금의 긍정적인 면을 발견하게 될 것이다. 그리고 이 책을 통해 재정 모금의 구체적인 방법을 배울 수 있을 것이다.

이 책을 읽는 선교사들은 다음 세 가지를 꼭 기억하기 바란다.

첫째, 선교사는 이 책이 자신에게 필요하다고 받아들여야 한다. 이 책은 한국 교회를 위한 책도 아니고, 재정을 후원하는 성도들을 위한 책도 아니다. 이 책은 선교사가 선교 재정 모금을 어떻게 할지에 대해 배우도록 돕는 책이다.

둘째, 선교사는 자신의 행동을 바꾸려는 마음을 가져야 한다. 무엇보다 겸손한 마음이 필요하다. 이런 점에서 이 책은 영성 훈련의 책이기도 하다. 자신의 실수 혹은 잘못을 돌아보며 고치려는 마음 자세가 필요하다. 이 책은 선교사가 어떻게 하면 재정 모금을 효과적으로 잘할 수 있는지에 대한 책이다.

엄밀히 말하면, 이 책은 한국 교회가 선교사와 어떻게 동역할지를 가르치지 않는다. 물론 선교사 파송, 후원, 지원에 있어 실수하거나 잘못하는 한국 교회들이 있다. 이런 것들은 비판받아 마땅하다. 개인적으로 한국 교회 혹은 성도들의 수많은 잘못을 지적하고 비판하며 하나님께 탄식해도 괜찮다. 하지만 이것이 재정 모금을 더 잘하도록 돕지는 않는다. 이 책을 읽는 동안에는 한국 교회의 개선을 생각하기보다는 선교사 자신에게 집중하기를 바란다.

셋째, 선교사는 이 책을 읽은 뒤에 구체적으로 실천해야 한다. 이 책의 내용이 아무리 좋아도 선교사가 실천에 옮기지 않으면 재정 모금에 별 도움이 되지 않는다. 이 책을 비판한다고 선교사가 재정 모금을 해야 하는 당위성과 필요성이 사라지는 것도 아니다. 선교 사역을 위한 재정이 늘어나기를 원하는가? 그렇다면, 선교사는 이 책의 제안들 중 몇 가지라도 구체적으로 실천해야 한다. 그러면 선교 재정이 늘어나는 것을 경험하게 될 것이다.

"어떻게 하면 선교사들이 선교 재정 모금을 성경적으로, 그리고 효과적으로 잘할 수 있을까?" 이것이 이 책이 묻는 질문이다. 나는 독자들도 이와 같은 질문을 하기를 기대한다. 이 책은 재정 모금과 관련하여 추상적인 개념부터 구체적인 실천 방안까지 담고 있다.

이 책은 모두 9장으로 구성되어 있다. 1장에서는 이 책의 주제를 소개한다. 2장에서는 과연 선교의 주체가 누구인가에 대해 묻고 답한다. 3장에서는 과거에는 선교 재정 모금을 어떻게 했는지에 대해 정리한다. 4장에서는 선교 사역에서 재정 기부자의 역할은 후원자인지, 혹은 동역자인지에 대해 살펴본다. 5장에서는 왜 재정 모금 활동도 선교 사역에 포함되는지에 대해 묻고 답한다. 6장에서는 선교 사역을 할 때에 재정 모금을 위해 고려할 것들에 대해 다룬다. 7장에서는 선교 재정 모금을 위한 의사소통을 어떻게 할지에 대해 정리하고, 8장에서는 재정 모금 활동에서 반드시 해야 할 사항들에 대해 소개한다. 마지막 9장에서는 앞에서 다룬 내용들을 다시 살펴보며 요약한다.

이 책을 헨리 나우웬의 「모금의 영성」(포이에마 역간)과 같이 읽기를 제안한다. 「모금의 영성」은 기부금 모금 영역에서 이미 널리 알려진 책으로, 내가 이 책을 구상하고 자료를 수집하는 과정에서 많은 도움이 되었다. 내가 「모금의 영성」을 번역하기도 했지만 그 과정이 평탄치만은 않았다. 하지만 그만한 가치가 있었기에 참 감사한 일이라 생각한다.

이 지면을 통해 감사드릴 분이 많다. 내가 26세 젊은 나이에 선교 여정에 나섰을 때, 재정으로 동역했던 교회들에게 감사한다. 내 모교회인 원남 교회(김윤동 [당시] 담임목사)와 광야 교회(임명희 목사), 그리고 여러 성도님께도 다시 한 번 감사의 말씀을 드린다. 개인적으로 후원해 주셨던 여러 교회 성도님들께도 감사드린다.

내가 가장 사랑하는 아내와 세 아들, 선주, 선도, 선우에게 고맙고 미안한 마음을 전한다. 컴퓨터 앞에 앉아 있는 시간만큼 가족과 함께 시간을 보내지 못했다. 가족들이 이해해 주고 참아 주었던 그 귀한 시간들이 있었기에 이 책을 쓸 수 있었다. 그리고 쇼이선교회 출판부의 관심과 수고에도 깊은 감사를 드린다.

선교의 하나님! 모금의 하나님! 내 마음에 이 책을 쓸 동기와 힘과 여건을 허락하신 하나님께 감사와 영광을 올려드린다.

2020년 4월

김한성

# 1장
# 하경의 고민
:
"사역을 위해 재정 모금을
잘하는 방법이 없을까?"

요즘 우리 부부한테 기도 제목이 생겨서 기도하고 있어. 하나님께서 우리 사역을 후원할 교회와 성도들을 붙여 달라고.

안식년 나왔다고 후원을 중단한 교회들이 있구나? 왜 그러지? 선교사가 한국에 있어도 재정이 필요한데 말이야. 안식년에 아무런 활동을 안 하는 것도 아니고.

그러게 말이야.
최근에 후원을 끊은 교회도 있지만 작년부터 후원이 줄어 들었어.
근데 이걸 어떻게 하면 좋을까? 휴…….

"많이 기다렸지?"

"어서 와! 나도 온 지 얼마 안 됐어!"

하경이 미리 도착해 앉아 있는 예진에게 다가가 말을 걸자, 예진은 읽던 책을 내려놓으며 반갑게 인사했다.

벽에 걸린 시계는 4시 55분을 가리키고 있었다.

예진은 선교사가 되고 나서 두 가지 습관이 생겼다. 어디를 가든지 책을 가지고 다니는 것이다. 그리고 약속 시간보다 15-20분 정도 일찍 도착하는 것이다.

예진에게 이런 습관이 생긴 데에는 이유가 있다. 그녀가 선교지에 도착한 지 얼마 되지 않았을 때, 매우 중요한 약속에 한 시간 넘게 늦은 적이 있었다. 그녀는 넉넉히 시간을 계산해서 나왔지만, 그곳의 교통 체증이 너무 심해서 생긴 일이었다. 다행히 상대는 이것을 크게 문제 삼지 않았지만, 예진은 몹시 무안하고 미안했다.

이 일을 계기로 그녀는 약속 시간보다 훨씬 일찍 나오는 습관이 생겼다. 그리고 너무 일찍 도착했을 때를 대비해서, 읽을 책도 가지고 다니게 된 것이다.

"아직 5시가 안 됐네. 요한이도 곧 오겠다." 예진이 벽시계를 보며 말했다.

"이게 몇 년 만이야? 그동안 어떻게 지냈어? 진짜 반갑다." 하경이 환하게 미소를 지으며 말했다.

"그러게 말이야, 정말 반갑다. 가족들은 다 잘 지내고?"

"그럼, 그럼!"

시계는 5시 1분을 가리켰고, 그때 문이 열리는 소리가 들렸다. 요한이 들어오는 것을 본 예진이 반갑게 손을 흔들었다.

"어서 와. 오느라 고생했어. 엄청 덥지?"

"하경아, 예진아! 반갑다."

인사와 함께 가방을 의자에 내려놓으며 요한이 말했다.

"아직 주문 안했지? 너희 뭐 마실래? 제일 늦은 내가 살게."

"요한이는 여전하네. 학교 다닐 때도 밥값이랑 커피 값을 자주 냈는데 말이야." 하경이 웃으며 말했다.

그러자 예진이 맞장구쳤다.

"맞아, 그때도 그랬어!

그럼 요한아, 잘 마실게. 대신 식사는 내가 살게. 우리 저녁까지 먹고 가자. 나는 아이스 카페 라떼 마실게."

메뉴판을 보던 하경이 말했다.

"그럼 나는 따뜻한 아메리카노."

"오케이, 그럼 주문하고 올게."

## 하경의 기도 제목

하경, 예진, 요한은 신학대학원에서 3년을 함께 공부한 동기이자, 단기 선교도 두어 차례 함께 다녀온 오랜 친구 사이다.

하경은 동남아시아의 한 나라에서 남편과 함께 9년째 사역하고 있고, 예진은 서남아시아의 한 나라에서 12년째 사역하고 있다. 그리고 요한은 아프리카의 한 나라에서 10년째 사역 중이다.

오늘은 이들이 몇 년 만에 서울의 어느 커피숍에서 만나기로 한 날이다. 세 친구가 드디어 모두 한자리에 모였다.

"그동안 어떻게 지냈어? 이게 몇 년 만이지? 한 5년 정도 된 것 같은데." 요한이 환히 웃는 얼굴로 물었다.

"얼추 그런 것 같아. 요한아, 이번에 건강검진을 받으려고 나왔다며? 어디가 안 좋아?" 예진이 물었다.

"우리 나이도 이제 쉰을 바라보잖아? 그래서 그런지 요즘 그냥 여기저기 삐걱거리는 것 같아. 혈압도 조금 높고!"

"별일 아닐 거야. 하지만 우리가 건강을 잘 챙겨야 할 나이가 된 것 같긴 해. 이제 사역지에 적응이 다 되서 사역할 만한데, 건강이 안 좋으면 큰일이잖아!" 예진이 걱정 어린 눈으로 말했다.

"예진이 말이 맞아. 그동안 선교지에 가서 언어를 배우고 문화를 익히느라 얼마나 고생했어? 아무튼 건강한 것도 사역이라고 생각해야 돼. 그래야 사역도 잘할 수 있지." 하경이 요한을 보며 말했다.

그리고 나서 예진이 분위기를 바꾸어 하경에게 질문했다.

"하경아, 안식년이라고? 좋겠다. 근데 불편한 것은 없어?"

"응, 좋지. 고향이고 조국이라는 이유만으로도 좋아. 우리말로 예배드리니까 정말 좋고. 교회에서 우리말로 다 같이 통성 기도 하는 것도 좋아. 왠지 모르게 하나님이 내 기도를 더 빨리 들어주시는 것 같아."

하경의 말을 들은 요한이 빙긋이 웃으며 말했다.

"하나님이 네 기도를 더 빨리 들으시는 것 같다고? 맞아, 나도 그런 생각 들었는데. 그럼 한국에서는 어떻게 지내? 많이 바빠?"

"응, 조금. 우리 학교 선교대학원을 다니고 있거든. 그리고……."

하경의 말이 끝나기 전에 예진이 끼어 들며 말했다.

"하경이는 참 부지런해. 대학원도 다니고 말이야. 학비가 만만치 않을 텐데, 당분간 선교지에는 안 나갈 생각이야? 공부 마치려면 2, 3년 걸리지 않아?"

"선교사를 위한 장학금 혜택이 있는 것으로 아는데, 아무튼 하경이 대단하다." 요한이 말을 이어 받았다.

"요한이 말이 맞아. 장학금이 적지 않아서 부담이 많이 줄었어. 일단 안식년 1년 동안 두 학기 공부하고 휴학했다가 다음번 안식년에 이어서 공부하려고. 그런데 만약 그렇게 안 돼도 괜찮고."

요한이 좀 전에 하경의 말이 생각난 듯 다시 물었다.

"하경아, 아까 뭐 말하려고 하지 않았어?"

"응, 별거 아니야."

"내가 말을 끊은 것 같은데, 하경아 말해 봐. 뭔데?"

예진이 묻자, 하경은 무릎에 두었던 가방을 옆에 놓으며 입을 열었다.

"어휴, 뭐 대단한 것은 아니고 요즘 우리 부부한테 기도 제목이 생겨서 기도하고 있어. 하나님께서 우리 사역을 후원할 교회와 성도들을 붙여 달라고."

하경의 말이 끝나자, 요한이 바로 말했다.

"안식년 나왔다고 후원을 중단한 교회들이 있구나? 왜 그러지? 선교사가 한국에 있어도 재정이 필요한데 말이야. 안식년에 아무런 활동을 안 하는 것도 아니고."

"그러게 말이야. 최근에 후원을 끊은 교회도 있지만 작년부터 후원이 줄어 들었어. 근데 이걸 어떻게 하면 좋을까? 휴……." 하경이 짧은 한숨을 내쉬었다.

## 재정 모금을 잘하는 방법이 없을까?

요한이 커피 잔을 옆으로 치우며 말했다.

"있잖아, 여러 선배 선교사가 한 말이기도 하고, 내 경험을 비추어 봐도, 이런저런 사역을 많이 하니까 재정 후원도 늘어나더라."

하경은 얼굴을 조금 찌푸리며 말했다.

"후원을 받기 위해서 그냥 일을 막 만들어? 그건 아닌 것 같은데……."

요한이 조금 당황한 듯 서둘러 대답했다.

"그런 뜻으로 말한 것은 아니야. 물론 나도 후원 받으려고 아무렇게나 일을 막 만들지는 않아. 그런데 듣고 보니 내 말이 그런 식으로 들릴 수도 있겠네."

"요한아, 무슨 말인지 자세히 말해 줄래?" 듣고 있던 예진이 궁금해하며 말했다.

"그러니까 말이야, 일반적으로 말해서, 한국 교회는 일의 양이 많으면 열심히 한다고 생각하는 것 같아. 일 중에서도 행사나 건축처럼 일회성이면서도 가시적인 것 말이야."

예진이 요한의 말에 동의한다는 듯 고개를 끄덕이며 말했다.

"그건 나도 그렇게 느꼈어. 꼭 일회성을 추구하는 것은 아니지만, 장기적으로 꾸준히 하는 것에 대해 한국 교회는 관심이 거의 없지. 그러니까 결과적으로 일회성 혹은 단기적 사역이 되는 것 같고. 가시적인 것도 아주 중요하지만, 선교지에 있는 성도의 신앙 성숙도 중요한데 이것을 어떻게 사진으로 보여 줄 수 있을까?"

하경이 기다렸다는 듯이 말했다.

"그러게 말이야. 예배당 건축 사진을 보여 주는 것은 쉬운데, 교회의 성숙을 어떻게 보여 줘? 어디 영적 엑스레이 사진 찍는 데 없나? 그럼 참 좋을 텐데. 우리가 그런 가시적인 사역들을 좀 게을리 했나?"

하경은 다시 진지한 얼굴로 물었다.

"사역을 위해 재정 모금을 잘하는 방법이 없을까?"

요한이 질문 하나를 덧붙였다.

"어떻게 해야 재정 후원을 안정적으로 유지하지? 이런 것을 가르치는 곳이 없을까? 신대원 수업은 둘째 치고, 선교사 훈련을 받을 때도 재정 모금에 대해 배운 적이 없는 것 같아. 하경아, 넌 재정 모금에 대해 배운 적이 있어?"

요한을 보면서 하경이 답했다.

"우리 단체의 선교 훈련 중에 재정 모금이 있었던 것 같아. 그런데, 워낙 모르는 분야라 한두 시간 특강만으로 제대로 배웠겠어? 나는 그냥 '모금을 어떻게 해야 하나' 막연해하면서 들었던 것 같아."

요한이 말을 이었다.

"그래도 너는 재정 모금에 대해 조금이라도 배웠구나. 나보다 낫네. 그런데 나처럼 재정 모금 훈련을 받지 못한 사람이 더 많은 것 같아. 선교 훈련을 받지 않은 선교사들도 적잖은데, 이런 훈련은 더욱 받지 못했을 거잖아."

예진이 하경과 요한을 번갈아 보며 말했다.

"재정 모금에 대한 책도 거의 없어. 내가 온라인 서점에서 선교 재정 모금에 대한 책을 찾아봤거든. 20여 년 전에 번역되어 출판된 몇 권의 책이 전부더라. 이마저도 절판이라 사서 읽을 수도 없어. 2000년대에 와서 NGO 활동을 위해 기부금을 어떻게 모을지에 대해 가르쳐 주는 모금 안내 책이 몇 권 출간된 것이 그나마 다행이지. 이 책들에서도 배울 점이 많지만, 선교 재정 모금에 고스란히 적용하기에는 어딘가 부족해."

예진의 말을 들은 하경의 눈이 동그래졌다.

"예진아, 너 보통이 아닌데? 재정 모금에 대해서 그렇게 관심 있는 줄은 몰랐어."

요한이 하경의 말을 거들었다.

"누가 아니래. 재정 모금 관련해서 추천 좀 해줘. 뭐라도 해야 하는데, 어떻게 시작해야 할지 모르겠어."

## 재정 모금 세미나

예진이 두 사람의 얼굴을 보며 말했다.
"사실은 내가 이번에 한국에 방문한 것도 이것 때문이야. 지난주에 선교사를 위한 재정 모금 세미나에 다녀왔어. 세계선교대학교의 김바울 교수님이 얼마 전부터 시작한 세미나인데, 한 번 들었던 선교사가 추천해 주셨거든.
이분은 그 세미나를 듣고 재정 모금에 대한 자기 생각이 많이 바뀌었대. 성경적인 원리들을 가르쳐 줄 뿐 아니라 아주 구체적이면서 실제적인 방법들을 알려 주어서 도움이 많이 되었다고 말이야. 선교지에 나간 지 15년 되었지만, 그동안 미처 생각해 보지 못한 것도 많았고 잘못 생각한 것도 있었는데 그 세미나를 들으면서 돌이켜 보게 되었대.
이분이 생각과 마음을 바꾸고, 배운 방법대로 재정 모금을 했는데, 생각지도 못한 사람들이 후원하겠다고 나섰다는 말을 듣고 나도 들어 봐야겠다고 결심했어. 현재 후원이 많이 모자란 것은 아니지만 미래를 생각했을 때 미리 준비하는 것도 괜찮을 것 같고."
하경은 탁자 앞으로 바짝 다가가 앉으며 관심을 보였다.
"그런 세미나가 있었어? 왜 난 몰랐을까? 역시 예진이가 선교지에 있어도 정보는 빠르네. 예전에 학교 다닐 때도 예진이가 모르는 정보가 없었잖아."
사실 예진은 옛날부터 많은 정보를 알고 있었다. 신대원 다닐 때에는 시험 출제 경향은 물론이고 교수님들에 대한 시시콜콜한 이야기들까지도 모르는 것이 없어 보일 정도였다. 또한 예진은 교회에 대한 정보도 줄줄 꿰고 있어서, 누가 어느 교회에서 사역하게 되었다고 하면 그 교회에 대한 정보를 그 친구에게 알려 주기도 했다.

요한이 하경의 말에 동의했다.

"맞아, 맞아. 그 일 기억나? 박○○ 교수님에 대한 안 좋은 소문이 났는데, 그 출처로 예진이가 의심받았잖아? 예진이 말고 이렇게 자세히 알 수 있는 사람이 누가 있냐고 말이야. 하하하하."

하경이가 말을 이었다.

"그래, 나도 기억나. 그때 나 아니었으면 예진이 너 큰일 날 뻔했잖나. 내가 그 교수님한테 너에 대해 잘 말씀드려서 오해를 풀었으니 망정이지. 예진이 너 내가 구해 준 거 잊지 마! 하하하하. 암튼 예진아, 넌 그 세미나에서 뭘 배웠어? 정말 궁금해."

요한이 조금 뒤로 물러앉으며 말했다.

"재정 모금의 필요는 느끼지만, 현장 선교사가 재정 모금까지도 신경 써야 한다는 생각을 하니 힘 빠진다. 선교지에서는 영적 싸움도 치열한데, 누가 기도와 재정을 콱콱 밀어주면 안 될까?"

하경이 공감한다는 듯이 머리를 끄덕였다.

"정말 한국 교회가 선교 사역을 좀 넉넉히 지원하면 좋을 텐데."

예진이 두 사람의 말을 놓치지 않고 말했다.

"안 그래도 김바울 교수님이 선교사가 모금을 해야 하는 이유에 대해서도 설명하셨는데, 나는 그걸 듣고 많이 공감했어."

## 첫 단추를 잘 꿰어야 해!

예진이 두 친구의 얼굴을 보며 말했다.

"김바울 교수님은 '선교의 주체는 누구인가?', '과거에는 선교사들이 재정 모금을 어떻게 했나?', '재정 후원자를 어떻게 이해할 것인가?', '재정 모금도 사역의 일부로 볼 것인가?', '어떻게 사역하는 것이 모금에 도움이 될까?', '후원자와의 소통이 모금에서 왜 중요하고 어떻게 소통해야 할까?', 이런 것들과 구체적인 재정 모금 방법들에 대해 말해 주셨어."

요한이 눈을 크게 뜨며 물었다.

"우와! 그냥 재정 모금 방법에 대해서만 배운 것이 아니네. 그런데 선교의 주체에 대해 왜 배워야 하지? 선교는 당연히 선교사가 하는 것 아니야?"

하경이 옆에서 듣고 있다가 말을 덧붙였다.

"선교는 교회가 하는 거지. 초대 교회 이후로 지금까지 말이야. 물론 구체적인 선교 사역은 파송받은 선교사들이 했지만 말이야."

"두 사람 말이 틀리지는 않지만, 그렇다고 맞는다고도 할 수 없어. 우리가 다 아는 말 있잖아, '선교는 하나님이 하신다!' 하나님의 선교 말이야."

"예진아, 그건 우리가 다 아는 말이잖아. 딱히 새로운 것은 없네." 요한이 약간 힘 빠진 표정을 지었다.

"요한아, 나도 그렇게 생각했거든. 근데 김바울 교수님의 말을 들으면서 생각이 바뀌었어. 첫 단추를 잘 꿰어야지."

"그래, 그건 예진이 말이 맞아. 첫 단추를 잘 꿰어야지. 솔직히 '내가 하나님의 일을 하는 건가, 아니면 내 일을 하나님이 하시는 건가' 하는 생각이 들 때가 있거든. 그나저나 모금의 실제적인 방법도 배웠어?" 하경이 물었다.

"응, 당연하지. 정말 중요한 원리들과 방법들을 배웠어. 배운 대로 실천한다면, 얼마나 좋을까?"

"예진아, 배운 것 중에 네 마음에 드는 방법도 있었어?" 요한은 아까보다 더욱 궁금해했다.

"응. 마음에 드는 것도 있고, 내 상황에서 사용할 방법들도 있었지. 그리고 내가 조금 다르게 바꿔야 할 것도 있더라고."

그때 하경이 시계를 보았다.

"벌써 6시가 넘었어. 우리 이러지 말고 자리를 옮겨서 밥 먹자. 남편한테는 저녁까지 먹고 올지 모른다고 말했어. 다들 괜찮아?"

"나도 아내한테 친구 만나는데 저녁 먹고 올 수도 있다고 말했어. 그런데 뭘 먹지? 먹고 싶은 것이 많네."

"그럼, 요한이 건강도 생각해야 하니까. 두부전골 어때? 옛날에 나를 구해 준 하경이에게 신세도 갚을 겸 내가 살게."

예진의 말에 하경이 하얀 이를 내보이며 미소 지었다.

"아니야, 아까 한 말은 농담이지. 하지만 밥을 사준다면 나는 땡큐지!"

"그래? 그럼 여기서 나가자. 내가 이 근처에 맛있는 두부전골 집을 알아." 예진이 일어나며 말했다.

"예진아, 그럼 저녁 먹으면서 그 세미나에 대해서 계속 얘기 좀 해줄래?" 요한이 예진을 보면 말했다.

"그래, 알았어. 요한아, 커피 잘 마셨어."

"아이고, 진짜 반가워서 수다를 떨다 보니 미처 요한이에게 고맙다는 말도 못 했네. 요한아, 고마워." 하경이 웃으며 급히 고마운 마음을 전했다.

세 사람은 자리를 떠나면서도 오랜만에 만난 반가움 때문인지 이야기를 멈추지 않았다.

Chapter Point!

- 선교사가 효과적인 선교를 위해 신학, 현지어, 현지 문화를 배우지만 선교 사역과 생활에 큰 영향을 끼치는 재정 모금에 대해서는 적극적으로 배우는 경우는 많지 않다.
- 선교 사역을 하는 데 있어 재정이 매우 중요한 요소인데도 이 부분에 대한 교육은 잘 이루어지지 않는다.
- 선교사를 위한 재정 모금 훈련과 자료가 많지 않은 것도 선교사가 재정 모금을 잘 하지 못하는 이유이다.

# 2장

# 사역의 주체

:
"주인 행세를 할 것이 아니라
주인 의식을 가져야 한다고?"

"몇몇 선교사는 천년만년 살 것처럼 선교지에 자신의 왕국을 만들기도 하잖아. 너희 사역지에는 그런 사람 없어?"

"우리 지역에도 그렇게 보이는 분이 있어. 이분은 참 열심히 이런저런 센터를 많이 짓고 있거든."

"우리가 사역의 주인 행세를 하면, 아무래도 가시적 성과를 거두는 데 집착하기 쉬워. 내가 얼마나 유능한 사람인지 증명하고 싶어지지."

하경, 요한, 예진이 커피숍을 나와 5분 정도 걸었을 때, 길 한편을 막고 서 있는 낡은 간판을 발견했다.

'속초 두부전골'

가게 앞에 다다른 예진이 반가운 얼굴로 요한과 하경을 보면서 말했다.

"이제 다 왔어. 이 집이야. 속초에 가면 유명한 할머니 두부집 있지? 이 집 주인이 그 할머니하고 가까운 친척이래. 그래서인지 이 집 두부가 맛있어. 여기는 새벽마다 그날 쓸 만큼만 두부를 만든대."

안 그래도 조금 출출했던 하경은 입에 침이 고이는 것을 느꼈다. 그러면서도 조금 전 커피숍에서 예진이 말했던 내용들에 대한 궁금증이 더 커져만 갔다.

'예진이가 말한 것들이 정말 궁금하네. 밥을 먹으며 차근차근 물어봐야지.'

## 선교는 누가 하는 것일까?

"어서 오세요! 세 분이세요? 안쪽에 조용한 곳으로 모실게요."
종업원을 따라 들어가니 정말 안쪽에 조용한 방이 나왔다. 이 식당은 오래전에 넓은 마당이 딸린 주택을 개조해서 사용해 왔다.
"내가 여기에 여러 번 왔지만, 이 방은 처음인데." 예진은 조금 생소한 듯 두리번거리며 들어갔다.
"재작년에 마당 한쪽에 있던 창고를 허물고 새로 만들었어요. 조용해서 손님들이 좋아해요." 종업원이 예진을 보며 말했다.
"안 그래도 오늘 조금 중요한 얘기를 들으려고 했는데, 잘 됐네요." 하경이 웃으며 말했다.
자리에 앉은 이들에게 종업원은 물과 물수건을 가져다주었고, 이들은 두부전골과 파전을 주문했다.
잠시 뒤에 식사가 나왔다. 예진, 하경, 요한은 식사를 하면서 다시 대화를 시작했다.
"예진아, 탁월한 선택이야! 이 집 음식 정말 맛있다. 나는 이제 어디서 뭘 먹어야 할지도 모르겠어. 한국을 떠나 타국에서 오래 살았더니 말이야. 예진이 멋있어." 하경이 감탄했다.
예진은 하경의 칭찬에 싫지 않은 듯 미소 지으며 답했다.
"뭘 이런 것 가지고. 근데 나도 하경이 말이 이해돼! 뭐랄까, 한국이 내 고향인데도 오랜만에 오니까 뭔가 낯설어. 그래서 얼마 전부터 한국에 오면 일부러 가는 식당이나 장소를 정해 놨어. 이상하게 들릴지 모르겠는데, 그곳에 가면 왠지 마음이 편해지더라고. 게다가 오늘은 이렇게 하경이에게 칭찬도 들으니 기분 좋은데?"

요한이 거들었다.

"일석이조네! 도랑 치고 가재 잡고! 하하하."

모두 기분 좋게 식사를 하였다. 잠시 시간이 흐른 뒤, 요한이 말을 꺼냈다.

"이제 슬슬 이야기보따리를 풀어놔 봐. 지난주에 다녀왔다는 그 세미나 말이야."

예진이 두 친구의 얼굴을 번갈아 보며 물었다.

"그럴까? 너희는 선교의 주체가 누구라고 생각해? 아까도 잠시 얘기를 나누기는 했지만 말이야."

하경이 대답했다.

"선교의 주체는 교회지! 예수님께서 초대 교회에 선교의 대위임령을 주셨잖아. 그리고 개신교 선교의 아버지라고 할 수 있는 윌리엄 캐리도 침례교 선교부를 설립해서 선교했고."

요한이 하경의 말을 거들었다.

"어디 뭐 그뿐이야? 200년이 넘는 개신교의 선교 역사는 교회의 선교 역사라고 해도 과언이 아니지! 물론 하나님의 선교 혹은 '미시오 데이'(*Missio Dei*)라는 말도 있지만, 그건 말 그대로 하나님이 선교하시는 거지 뭐."

예진은 두 사람의 말을 듣기만 할 뿐 가만히 있었다. 그러자 요한이 말을 이어갔다.

"그런데 미시오 데이는 말이 하나님의 선교이지, 선교하지 말자는 거잖아. 복음 전도에 대한 강조도 없고 사회 구원을 얘기하고 말이야. 그 개념이 WCC(World Council of Churches, 세계교회협의회)에서 나온 것 아닌가?"

하경이 대답했다.

"응, 맞아. WCC에서 이 개념이 처음 소개된 것은 맞는 것 같아. 근데 요즘 복음주의권에서도 하나님의 선교를 자주 말하지 않아? 우리 교단이 비교적 보수적인데도 그런 말을 하곤 하는데."

두 사람의 말을 듣고 있던 예진이 드디어 입을 열었다.

"그래, 우리가 신대원을 그냥 다니지는 않았네. 선교 과목이 몇 개 없었는데도 이런 것을 기억하고 있으니 말이야. 하긴 우리가 가진 선교에 대한 지식의 대부분이 신대원이 아닌 선교 단체 특강과 책에서 얻은 것이지. 그리고 선교지에서의 경험이고!"

"뭐 그런 셈이지. 그래서 선교에 대해 체계적으로 배우고 싶은 마음이 든다니까.

요한아, 너도 학교 다니면서 배워. 나도 다 아는 것 같았는데, 막상 학교 다니며 다시 강의 듣고 토론하니까 그동안 몰랐던 것이 많았다는 걸 느꼈어. 책을 읽어도 그렇고. 그래서 나는 요즘 대학원 공부하는 게 정말 만족스러워." 하경이 요한에게 말했다.

"하경이 네 말을 들으니 나도 갑자기 다시 학교 다니고 싶어지네." 요한이 웃으며 말했다.

예진이 다시 하나님의 선교에 대해 말했다.

"WCC의 하나님의 선교 개념이 정말로 요한이가 말한 것과 다르지 않았던 때도 있었어. 그런데 공부해 보니까 하나님의 선교라는 말은 동음이의어 같더라. 조금 과장해서 말하면, 누가 말하느냐에 따라서 그 의미가 많이 다르더라고."

요한이 끼어들며 말했다.

"그렇지? 그래 맞아. 어쩐지 WCC의 하나님의 선교를 읽다 보면 인천공항고속도로를 달리고 있는 줄 알았는데 실제론 88고속도로를 달리고 있는 느낌이랄까?"

"그래, 요한이가 한 말에 나도 백 퍼센트 공감해! 어렵지 않은 개념인 것 같은데 실상은 아주 복잡하다는 느낌을 받았어." 하경이가 맞장구를 쳤다.

예진은 두 친구에게 하나님의 선교에 대해 자세히 설명했다.

## 하나님의 선교

"하나님의 선교를 처음 소개하고 확산시켰던 이들은 하르텐슈타인(Karl Hartenstein)과 비체돔(Georg F. Vicedom), 호켄다이직(Johannes C. Hoekendijk)이야. 이 사람들이 모두 하나님의 선교를 말했지만, 그 의미는 다 달랐어.

이 용어가 처음 소개된 때는 1952년이야. 이때는 다들 아는 것처럼 서구 식민주의가 끝나가던 시기였어. 오랜 세월 동안 교회는 자기 스스로가 선교의 주체라고 생각했어.

예수님을 모르는 지역에 예수 그리스도가 전파되었을 뿐 아니라 특정 교파의 전통과 신학도 옮겨 심어졌어. 이렇게 선교지에 특정 교파의 제도가 소개되었고 자리를 잡았지. 선교사들은 선교지에서 자신이 속한 특정 교파의 교리를 바탕으로 하는 교회 공동체를 꿈꾸었어. 죄인들의 회개를 촉구하고, 하나님과의 화해를 선포하고, 천국을 가리키는 한편, 종종 특정 교파를 중심으로 한 기독교 사회 건설을 추구했지."

하경과 요한이 예진의 설명에 집중했다. 예진은 설명을 이어나갔다.

"이것이 하르텐슈타인이 하나님의 선교라는 용어를 처음 사용했을 때의 배경이었어. 그는 윌리엄 캐리(William Carrey) 이후 교회 중심적으로 행해진 선교에 대해 반성하고, 새롭게 하나님을 선교의 기원이자 주체로 보았어. 그는 '구원받은 전 피조물 위에 그리스도의 주권을 세우려는 포괄적인 목표를 가지고 아들을 보내심'[1]이 하나님의 선교라고 설명하고 이 일에 참여하는 것을 선교라고 했어! 그런데 하르텐슈타인은 이 용어를 사용한 지 얼마 되지 않아서 불의의 사고로 소천하고 말았지."

"그럼 비체돔이라는 사람은 어떤 사람이야?" 요한이 물었다.

"비체돔은 「하나님의 선교」(Missio Dei, 1958)을 저술하며 하나님의 선교에 대해 보다 구체적이고 자세한 설명을 한 사람이야. 그는 선교의 기원이 하나님이라는 하르텐슈타인의 주장을 재확인하였지.

비체돔은 하르텐슈타인의 주장에서 한 걸음 더 나아가, 하나님의 선교와 교회의 관계를 보다 명확히 설명했지. 그는 교회는 하나님의 선교를 위해 존재하고, 하나님의 선교의 도구로 사용된다고 주장했어. 즉 선교는 교회의 사역이 아닌 교회의 본질 중 하나라고 말이야!"

"두 사람이 말한 하나님의 선교는 같은 것 같으면서도 조금 다른 것 같은데……." 하경이 예진의 설명을 듣고 말끝을 흐렸다.

예진이 하경에게 미소를 지은 뒤에 말을 이었다.

"다음으로 요한네스 호켄다이직에 대해 말해 줄게. 이 사람은 선교의 기원이 하나님이라고 보는 점에 있어서는 앞의 두 사람과 동일해. 하지만 두 가지 점에서 앞서 말한 두 사람과 다른 주장을 했어. 우선, 호켄다이직은 존재의 순서에 있어서 창조주 하나님이 세상을 먼저 만드신 후에 교회가 생겼기 때문에 교회는 하나님의 피조물인 세상을 위해 존재해야 한다고 주장했어. 그리고 그는 하나님의 선교의 목표가 이 세상에서 정의를 추구하며 샬롬을 구현하는 것이라고 보았지.[2]

호켄다이직의 이러한 견해는 보수주의, 복음주의, 오순절주의에서는 받아들이기 쉽지 않을 뿐 아니라, 대부분의 한국 선교사는 이런 맥락의 선교 사역을 하고 있지 않아."

예진은 말을 잠시 멈추고 물 한 모금을 마신 뒤 계속 설명을 이어 나갔다.

"그렇다면 복음주의 진영은 하나님의 선교를 어떻게 이해할까? 모두가 그렇다고는 할 수 없지만, 복음주의권에서도 선교의 시작을 성삼위 하나님으로부터 찾아. 성부 하나님께서 성자 예수님을 보내시고 성자 예수님이 성령 하나님을 보내신 것, 그리고 성부 하나님께서 그러셨던 것처럼, 성자 예수님께서 제자들을 보내시고, 성령 하나님께서 교회와 함께하시는 것이지!

복음주의 선교 신학자들이 이전의 하나님의 선교를 언급하던 이들과 다른 점은 하나님께서 여전히 교회와 성도를 들어 사용하신다고 믿는 거야.

하나님께서는 여전히 우리 피조물의 영적 상태에 관심이 많으시며, 하나님으로부터 멀어져 있던 우리가 예수 그리스도를 통해 하나님과 화해하기를 원하셔. 하나님은 인간을 구원하시고 구원받은 인간이 새롭게 변화된 삶을 살기를 원하시지. 이건 굳이 말하지 않아도 우리가 알고 있는 사실이지?"

"그야 당연하지!"

요한과 하경이 고개를 끄덕였다. 예진은 더 차분하게 말을 계속 이어 나갔다.

"이것을 위해 하나님은 구체적인 계획을 세우셨어. 하나님은 예수님을 보내셔서 당신의 구원 계획을 성취하셨지. 예수님은 공생애 기간에 때때로 제자들을 각지로 보내셨고, 부활 승천하실 때에 따르는 자들을 파송하셨어. 그리고 성령께서 강림하셔서 제자들과 함께하셨지.

이후 교회와 성도가 시기와 지역에 따라 다양한 모습으로 하나님의 구원과 변화의 사역에 동참하고 있는 거야. 이렇듯 선교의 주체는 성삼위 하나님이셔.

비유적으로 말하면, 선교라는 무대에서 하나님이 주연이시고 우리 교회와 성도는 조연 혹은 단역으로 하나님의 일에 참여하도록 부름 받은 것이지.

선교를 육적인 측면에서 보면, 하나님의 활동은 보이지 않고 선교사의 활동만 보일 수 있지만, 영적인 측면에서 보면, 하나님이 처음부터 계획하시고, 함께 일할 선교사를 부르시고, 후원 교회와 성도를 부르셔서 이들과 함께 일하시는 거야.

이런 관점에서 보았을 때, 선교의 주체는 하나님이시고 선교사와 교회는 보조적인 존재야."

설명을 마친 예진이 탁자 위에 있는 물 잔을 들어 꿀꺽꿀꺽 들이켰다.

"아, 길게 이야기했더니 목이 마르네. 아무튼 하나님의 선교를 이렇게 말할 수 있을 것 같아."

## 선교사의 역할

하경이 얼굴에 미소를 띠며 말했다.

"그래, 내가 헷갈렸던 것 같아. 내가 원래 알고 있던 것과 별 차이가 없네."

"어 그래? 나는 생각이 조금 다른데. 갑자기 내가 그동안 선교를 어떻게 했나 하는 생각도 들고 말이야. 혹시 선교라는 자동차의 운전대를 내가 잡고 마음대로 한 건 아니었나 되돌아보게 돼." 요한이 말했다.

그러자 예진이 말을 이었다.

"선교의 주도적 역할을 하시는 하나님과 하나님의 사역에 동참하는 선교사의 역할에 대해 조금 더 말해도 될까?

김 교수님은 선교의 주체이신 하나님을 설명하시면서 이것이 선교 사역을 위한 재정 모금과도 관련이 있다고 설명하셨는데, 이 부분이 정말 흥미로웠어.

음, 그런데 나만 너무 말을 많이 하는 것 아니야?"

"오, 그래? 무슨 말이 흥미로웠는지 궁금해. 예진아, 괜찮으니 계속 말해 봐. 요한이와 나는 잘 듣고 있으니까."

하경의 말을 듣고 예진이가 설명했다.

"선교는 하나님께서 사랑으로 주도하시는 구속과 변화의 사역에 교회와 성도가 순종으로 참여하는 거야. 하나님이 선교의 주체시지. 사랑의 하나님께서 인간과 피조물을 구원하고 변화시키는 사역을 주도적으로 이끄셔. 하나님이 우리를 구속하고 변화시키려고 하는 것은 하나님께서 불가피하게 억지로 하시는 것도 아니고 우리가 요구해서 하시는 것도 아니야. 선교는 하나님께서 원하신 것이고, 그래서 하나님께서 주도하시는 거지. 사랑이신 하나님은 사랑으로 우리를 구원하고 변화시키려고 하시는 거야.

교회와 성도는 이러한 하나님의 사역에 동참하도록 부름받았고, 이 부르심에 순종하는 거야. 과연 누가 하나님의 사랑의 크기와 지혜의 깊이, 그리고 능력의 넓이를 이해할 수 있을까? 아무도 없지. 누구도 하나님을 대신해서 선교를 주도할 정도로 하나님의 경륜과 의지와 계획을 알지 못해. 그리고 하나님만큼 능력을 가지고 있지도 않잖아.

그렇다면, 우리에게 남겨진 일은 앞서 가시는 하나님의 발자취를 믿음으로 따라 가는 거야. 우리 사역은 초보 택시 기사에게 목적지까지 어떻게 갈지를 일일이 가르쳐 주는 것이 아니야. 우리 사역은 우리가 한 번도 가 본 적이 없는 곳으로 데려다주시는 아버지의 차 안에서 아버지와 대화하며 가는 것이지."

"와! 그 비유 정말 와닿는다." 요한이 흥미로워했다.

예진이 빙긋이 웃으며 설명을 이어 나갔다.

"하나님께서 주도하시는 역사에 하나님의 백성이 순종하며 참여하는 모습을 성경 곳곳에서 찾아볼 수 있어.

방주를 만들었던 노아와 노예로 팔려 간 요셉, 이스라엘 백성을 출애굽시킨 모세를 생각해 봐. 여호수아와 갈렙과 사사들도 그렇고, 느헤미야와 에스더의 삶도 그래. 예수님의 제자들과 바울, 바나바와 스데반과 빌립의 삶이 이것을 증거하지. 그리고 지난 2천 년 역사 속에서 수많은 믿음의 증인의 삶이 이것을 증거해.

선교 사역의 재정 모금과 관련해서도 하나님이 선교의 주체이신 것을 깨닫는 것이 중요해. 하나님께서 우리를 부르실 때에는 이미 계획을 세우시고 필요한 것을 준비하셨어. 하나님은 당신의 사역에 대해 종합적인 계획과 단계별 실행 방안을 가지고 계시거든.

하나님이 시작하셨기에 마무리도 하나님이 하실 거야. 하나님이 우리를 사역으로 부르신 것이지, 우리가 하나님을 불러낸 것이 아니거든. 하나님께서 시작하신 사역에 필요한 인원과 재정을 하나님께서 책임지셔. 왜냐하면, 하나님이 선교의 주체이고 우리는 하나님이 주도하시는 일에 참여하는 자이기 때문이야.

하나님은 선하신 분이야. 일꾼을 부르시면서 일하는 데 필요한 도구와 물품과 재정을 나 몰라라 하는 악덕 업주가 아니지. 하나님은 지혜로우신 분이며, 단순히 기대만 높아서 일꾼에게 무엇이 얼마나 필요한지조차 모르는 분도 아니야."

"맞아. 하나님은 그런 분이야!" 예진의 말을 듣고 있던 요한과 하경은 동의했다.

예진은 당차게 설명을 이어 나갔다.

"하나님은 능력 있으신 분이야. 말은 그럴싸한데 실제로는 아무것도 구체적으로 실현시키지 못하는 허풍쟁이가 아니시지. 하나님은 신뢰할 만한 분이야. 하나님은 약속하신 것을 반드시 지키시는 분이거든. 이런 하나님께서 우리를 부르실 때에는 하나님의 계획을 실현시킬 전략과 자원을 이미 마련해 두셨어.

하나님께서 아브라함에게 이삭을 번제로 바치라고 말씀하셨을 때를 생각해 봐. 선하신 하나님은 아브라함을 혼자 내버려 두지 않으시고 모리아 산까지 동행하셨지.

지혜로우신 하나님은 언제 개입해야 하고 번제물로 무엇이 적절한지 알고 계셨던 거야. 능력 있으신 하나님은 직접 번제물로 사용할 것을 마련해 두셨어. 신뢰받기에 합당하신 하나님은 자손이 번성하고 자손을 통해 열국이 복을 받을 것이라는 약속을 지키셨어.

다만, 아브라함이 상상조차 할 수 없는 방법들을 사용하셨지. 하나님께서 모세에게 이스라엘 백성을 출애굽시키라고 명하신 것을 기억해?"

"응 기억하지!" 하경과 요한이 끄덕였다.

예진은 설명을 계속했다.

"선하신 하나님은 모든 상황 속에서 모세와 동행하셨어. 지혜로우신 하나님은 모세에게 어떻게 행하고 무슨 말을 해야 하는지 알려주셨지. 능력 있으신 하나님은 열 가지 재앙으로 애굽 사람들과 이스라엘에게 말씀하셨고, 홍해를 갈라 이스라엘이 출애굽할 수 있도록 역사하셨어. 미쁘신 하나님은 모세와 한 약속을 지키셨어.

하나님은 아브라함과 모세에게 필요한 것을 예비하시고 공급하셨던 것처럼 우리를 부르실 때 우리의 필요를 아시고 공급해 주실 거야. 아브라함과 모세의 하나님이 우리의 하나님이시고, 우리를 인도하셔. 그리고 우리는 보화를 발견하고 모든 것을 팔아 밭을 산 사람처럼, 하나님의 선교로의 부름에 응답하고 나선 거야!"

### 일의 결과는 주인 몫

"아멘!" 하경이 나지막이 응답했다.

"내가 선교의 부름에 응답하기로 처음 결단하던 때가 생각난다. 고등학교 때 교회 수련회에 가서 선교사로 하나님을 섬기겠다고 했는데, 그때는 정말 무슨 고생이라도 감수하겠다고 마음먹었지."

하경의 말을 듣고 요한이 말했다.

"다들 아는 것처럼 나는 목회하려고 신대원에 갔는데, 선교에 대해 배울 겸 경험 삼아 단기 선교를 갔다가 그만 이렇게 선교사가 되었잖아. 내가 선교지에 갈 즈음에 아프가니스탄 납치 사건이 있었어. 그래서 그때 아내랑 나는 정말 순교의 각오로 한국을 떠났어."

"응, 나도 기억나. 마침 내가 그때 한국에 나와 있던 때라 너의 파송 예배를 갔었는데 정말 가슴이 뭉클했어."

하경이 옛날 생각에 잠기는가 싶더니 다시 입술을 뗐다.

"음…… 그러면, 나는 재정 모금을 위해 아무것도 할 것이 없다는 말인가? 그렇지는 않을 것 같은데……. 정말 재정 모금하는 것 때문에 스트레스가 이만저만이 아니야."

예진은 하경의 마음을 이해하는 듯 고개를 끄덕이며 대답했다.

"그런 마음 이해해! 나도 선교사인데 그 마음을 왜 모르겠어? 그렇지만, 네가 짐작하는 것처럼 그런 뜻은 아니야. 안 그래도 세미나에 참석했던 사람 중에 한 명이 그렇게 질문해서 우리 모두 웃었어.

김 교수님이 선교에 대한 우리의 마음 자세에 대한 것이라면서 설명하셨는데, 솔직히 나는 아주 큰 도전을 받았지 뭐야."

"뭐라고 말씀하셨는데?" 요한이 눈을 크게 뜨며 궁금해했다.

"김 교수님이 예수님의 비유 중 두 가지를 가지고 설명하셨어. 그 중 한 가지를 우선 말해 줄게."

예진은 김 교수의 말을 정리해서 말해 주었다.

"마태복음 25장 14-30절은 우리가 잘 알고 있는 달란트 비유야. 이와 비슷한 비유를 누가복음 19장 11-27절에서도 찾아볼 수 있지.

어느 부자가 먼 길을 떠나며, 자신의 소유를 세 명의 종에게 맡겼는데, 세 사람 모두 각자 나름대로 이 소유를 관리했잖아. 집으로 돌아온 주인에게 금 다섯 달란트를 받았던 이와 금 두 달란트를 받았던 이는 자신들이 받았던 만큼의 금액을 불려 금 열 달란트와 금 네 달란트를 주인에게 내어 놓았어. 그런데 금 한 달란트를 받았던 종은 받았던 것만을 주인에게 돌려주었고, 주인은 그 종을 게으르고 악한 종이라 책망하며 큰 벌을 주었잖아.

이 비유 앞뒤로 마태복음 24, 25장에서는 예수님의 고난에 대해 나와. 이 비유는 누구에게나 심판이 있는 종말의 때가 있고 자신의 삶에 대해 책임지는 자세로 살며 종말을 준비해야 한다는 메시지를 담고 있어.

이 비유에서 우리가 주목해서 봐야 할 부분은 주인이 세 명에게 여덟 달란트를 나누어서 맡기었을 뿐 아예 주지는 않았다는 거야. 그리고 세 명의 종은 각각 다르게 행동했지. 두 종은 성실했고, 한 종은 게으렀어. 그 결과, 이들의 수고의 열매도 달랐던 거야. 그렇지만 이들이 성실했거나 게으렀다고 해서 이들의 손에 있던 달란트들의 소유권이 바뀐 것은 아니야. 세 명의 종의 손에 들려졌던 달란트들은 주인의 소유였어.

아무리 일을 잘했더라도 그 결과는 주인의 몫이야. 처음부터 끝까지 여덟 달란트의 소유권은 주인에게 있었고, 종들은 이것을 잠시 맡았을 뿐이지. 그러므로 종들은 주인의 생각보다 더 나아가거나 덜 나아갈 필요가 없었을 뿐 아니라 그렇게 해서도 안 됐어. 이들은 맡겨진 일의 범위 안에서 순종과 성실로 감당하면 충분했던 거야.

두 종은 자신의 신분을 잊지 않았고 자신에게 맡겨진 일의 성격을 제대로 이해한 거지. 한편, 금 한 달란트 받은 종의 잘못은 수익을 남기지 않은 것이 아니라 주인이 기대하는 만큼 맡겨진 것을 잘 돌보지 않았던 거야.

하나님께서 중요하게 여기시는 것은 우리 사역의 열매가 아니라 우리의 순종과 성실이야. 선교사들 중에는 다섯 달란트 혹은 두 달란트가 맡겨진 종처럼 성실히 일하고 좋은 열매를 거두는 이들이 있지. 언어와 문화가 다른 곳에서 복음을 전하고 사람들의 삶을 변화시키는 일이 결코 쉽지 않은 법인데, 자신에게 맡겨진 사역을 잘 감당하여 크고 좋은 열매를 거두는 이들이 있어. 눈에 보이는 열매는 많지 않더라도 오랜 세월 동안 많은 희생을 감수하며 복음의 수고를 해온 이들도 있고 말이야.

사실 우리 사역의 열매가 얼마나 크고 좋은지에 상관없이 우리 사역의 주인은 하나님이셔. 하나님이 우리에게 보여 주신 비전의 크기와 상관없이 우리 미래 사역의 주인은 하나님이시지.

하나님은 당신의 선교 사역에 우리를 부르시고 우리에게 당신 사역의 일부를 위탁하신 거야. 즉, 하나님은 우리에게 선교 사역을 위탁하신 것이지, 선교 사역의 소유권을 이양하신 적이 없어.

우리 사역을 통해 구원받은 사람이 아무리 많더라도, 우리가 이 구원 사역의 주인이 아니야. 우리의 섬김을 통해 삶의 변화를 경험하는 사람이 셀 수 없을 정도로 많을지라도, 우리는 이 섬김의 사역의 주인이 아니야. 다만 우리는 주인 의식을 가지고 하나님의 사역을 순종과 성실로 참여해야 해. 이것이 바로 우리의 일이야."

예진의 말을 듣던 두 친구는 곰곰이 생각에 빠졌다. 그리고 요한이 입을 열었다.

"다른 비유에 대해 교수님은 뭐라고 말씀하셨어?"

"응, 잠깐만 물 한 잔만 마시고 말해 줄게!"

예진은 물병의 시원한 물을 컵에 가득 따랐다.

### 청지기의 역할

물을 마신 예진은 말을 이어 나갔다.

"누가복음 16장 1-13절은 흔히 불의한 청지기 비유로 부르지? 청지기가 자신의 소유를 낭비한다는 소리를 듣자, 주인은 그에게 더는 일을 맡기지 않으려고 하잖아. 이것을 알게 된 청지기는 쫓겨나기 전에 한 번 더 주인의 소유물을 자신의 안위를 위해 사용해. 자신의 주인에게 빚을 진 사람들을 불러 이들이 진 빚의 일부를 탕감해 주며 이들의 환심을 산 거야.

청지기의 잘못은 주인의 것을 자신의 것으로 여긴 거야. 그의 잘못은 단순히 주인의 것을 아끼지 않고 낭비한 것이 아니지. 그는 주인의 것임에도 그것을 자신을 위해 사용했어. 그는 단지 주인으로부터 재산의 관리와 사용을 위임받았을 뿐이었는데 말이야. 그에게 맡겨진 것은 최대한 주인에게 손해나지 않도록 주인의 소유를 관리하고 사용하는 일이었지만, 그는 그렇게 하지 않았어.

그는 주인의 것을 얼마나 낭비하였던지 결국 주인은 그를 내쫓을 정도였어. 청지기는 쫓겨나게 되자 본색을 더욱 드러내며 살 궁리를 했잖아? 주인에게 빚을 진 사람들을 불러 이들의 빚의 일부를 탕감해 주며 이들의 마음을 사려고 말이야. 그는 주인집에서 쫓겨난 뒤에 얼마간이라도 이들에게 도움을 받을 요량이었던 것이지."

"요즘도 그런 일을 어렵지 않게 찾아볼 수 있어!" 하경이 말했다.

"맞아! 포스코 건설의 한 비정규직 직원이 5년 동안 109억 원의 회삿돈을 횡령해 오다가 발각되어 지금은 교도소에 수감되어 있지.[3] 건설 현장에서 이런저런 행정 보조를 하는 것이 그 직원의 업무였어. 이 회사는 엄격한 자금 통제 시스템도 있었지만, 그 직원은 상사들의 부주의와 회사 통장 관리가 허술한 점을 악용해서 회삿돈을 마치 자기 돈처럼 빼내어 사용한 거야.

그 직원은 빼돌린 돈의 일부를 오빠의 사업 자금으로 주기도 했고 남편의 빚을 갚는 데 사용하기도 했고, 심지어 기사가 딸린 외제 차를 타는 등 사치스러운 생활을 했대." 예진이 한심하다는 듯이 고개를 절레절레 저었다.

"와, 어떻게 남의 돈으로 그럴 수가 있냐?" 요한이 인상을 찌푸리며 말했다.

예진은 아까 하던 설명을 이어 나갔다.

"빚을 탕감받은 이웃 사람들은 그가 부자의 청지기인 것을 알고 있어서 그가 주인의 소유물을 사용할 때, 단지 그가 청지기 일을 하는 것으로 생각했을 거야. 이웃들은 청지기가 주인의 소유를 제 마음대로 사용할 것이라고 의심하지 않았을 거야. 하지만 청지기는 자신의 것이 아닌 것을 가지고 주인 행세를 했어. 심지어 쫓겨나기 직전까지도 자신의 안위를 위해 주인의 것을 퍼 주었어.

예수님께서 불의한 청지기의 비유를 마치면서 주시는 교훈은 분명해. 예수님은 제자들에게 충성하라고 가르치셨어. 작은 것에 충성해야 하고, 불의한 재물일지라도 충성해야 하고, 남의 것에도 충성해야 한다고 말이야. 그렇게 해야만 우리는 큰일에도 충성하며 참된 것을 맡을 수가 있고, 남의 것이 아닌 자신의 것을 받을 수 있다고 설명하셨어.

주인에게 속한 것을 주인의 것으로 여기고, 자신에게 맡겨진 일을 자신의 권한 범위 안에서 충성스럽게 수행하는 것이 종 된 자의 도리야."

"그래 맞는 말이야. 내가 사역을 잘한들, 그게 내 것이 되는 것도 아닌데 말이야." 하경이 말했다.

예진의 긴 이야기를 들은 요한이 무엇인가를 염두에 둔 듯 두 친구에게 조심스레 물었다.

"글쎄, 몇몇 선교사는 천년만년 살 것처럼 선교지에 자신의 왕국을 만들기도 하잖아. 너희 사역지에는 그런 사람 없어? 난 지금 한 사람의 얼굴이 떠오르는데."

"우리 지역에도 그렇게 보이는 분이 있어. 이분은 참 열심히 이런 저런 센터를 많이 짓고 있거든."

하경의 말이 끝나자, 예진이 손사래를 치며 말했다.

"우리 다른 사람의 사역을 자세히 알지 못한 채 단정 지어서 부정적으로 보지는 말자. 수년 전에 누가 내 사역에 대해 잘 모르면서 부정적으로 말했는데, 그때 난 솔직히 상처받았거든.

하여튼 김 교수님이 예수님이 말씀하신 두 비유를 통해 말하고자 하신 것은 우리 사역자들이 주인 행세를 해서는 안 되고 주인 의식을 가져야 한다는 것이었어."

예진의 말을 듣던 하경이 고개를 갸우뚱거리며 물었다.

"주인 행세를 할 것이 아니라 주인 의식을 가져야 한다고? 앞뒤 잘라서 들으면, 조금 불쾌하게 들릴 수도 있겠는데? 이게 무슨 뜻인지 잘 좀 풀어서 설명해 줄래?"

하경의 말에 예진은 자세를 바로 고쳐 앉으며 조심스럽게 설명하기 시작했다.

## 주인 의식을 가질 것!

"앞에서 이야기한 비유들은 우리에게 매우 중요한 한 가지 교훈을 주고 있어. 우리가 주의 일을 할 때에, 주인 행세를 해서는 안 되고 다만 주인 의식을 가져야 한다는 거야. 아무리 우리의 희생과 수고가 크더라도 우리가 주인 행세를 할 수는 없어. 그렇게 한다면, 우리는 하나님으로부터 칭찬이 아닌 책망을 들을 거야.

'혹시 세계 복음화를 우리 일로 생각하고 있는 건 아닐까?', '모든 족속으로 제자 삼고 아버지와 아들과 성령의 이름으로 세례를 주고 분부한 모든 것을 가르쳐 지키게 하라고 하신 예수님의 명령을 과도하게 해석하지는 않았을까?', '이러한 명령을 하신 예수님은 한쪽 구석에 서 계시고, 우리가 중심이 되어 모든 것을 계획하고 준비하고 진행하고 있는 건 아닐까?' 그리고 '이따금씩 우리는 한쪽 구석에 서 계신 예수님을 내 옆으로 불러 세운 뒤, 이 모든 것이 예수님 덕분이고 예수님께 영광 돌려드린다고 하고 있는 건 아닐까?' 그러고는 '내가 다 알아서 할 테니 예수님은 계시던 곳으로 돌아가 그냥 서 계시면 좋겠다고 말씀드리는 건 아닐까?' …… 우린 이런 점들을 늘 생각해야 해."

예진이 두 친구를 보며 말하자, 요한과 하경은 곰곰이 생각에 잠겼다. 예진은 계속 말을 이어 나갔다.

"하나님은 당신의 일을 당신의 지혜와 계획에 따라 당신의 때에 당신의 방법으로 하셔. 우리는 믿음의 이름으로 하나님의 일을 우리의 일로 만들지는 않는지 생각해 봐야 해. 혹시 하나님의 지혜를 무시하고 우리의 지혜를 믿지는 않는지, 하나님의 계획보다 우리의 계획이 낫다고 생각하지 않는지, 하나님의 때가 아닌 우리의 때를 밀어 붙이지는 않는지, 하나님의 방법이 아닌 우리의 방법에 의존하지는 않는지 말이야.

만약 그렇다면, 우리는 하나님의 일을 하는 것이 아니라 하나님의 이름을 빌려 우리 일을 하려고 하는 거야. 불의한 청지기 비유에 나오는 청지기처럼 주인의 소유를 자신의 유익을 위해 사용해야만 주인 행세하는 것이 아니라 주인을 위한답시고 주인의 뜻과 상관없이 무엇을 하는 것도 주인 행세 하는 거야.

때때로 우리는 하나님보다 앞서 가지 않는지 스스로 돌아보고 점검하는 것이 필요해. 주인 행세와 주인 의식에 대해선 네팔을 예로 들어 설명할 수 있어!"

"네팔? 좀 더 자세히 말해 줘 봐!" 듣고 있던 하경이 예진에게 몸을 좀 더 가까이 붙이며 말했다.

"그래, 알았어. 19세기 중반부터 20세기 중반까지 약 100년의 세월 동안, 네팔 왕국을 실질적으로 통치한 것은 왕이 아니라 수상이었어. 이 시기에 왕은 명목상으로만 네팔 왕국의 수장이었다. 왕은 자신의 궁에 거의 가택 연금이 되었고, 왕으로서 마땅히 가질 수 있는 권한을 누리지 못했지.

이 시기에 네팔을 실질적으로 다스린 것은 수상직을 독점하고 세습한 라나 가문이었어. 라나 가문이 네팔 국가 통치와 관련된 모든 결정을 독점했어. 이렇게 왕은 명목상으로 존재할 뿐 다른 사람이 실질적 권력을 가지고 있는 모습은 우리나라 고려 말과 일본 막부 시대에서도 찾아볼 수 있지. 흥미롭게도, 역사는 라나 가문이 왕 노릇 했던 것을 긍정적으로 평가하지 않아.

아무튼 우리는 주인 의식을 가지고 하나님이 주도하시는 선교 사역에 참여해야 해. 이것을 위해 우리는 하나님의 마음을 알려고 노력해야 하지. 하나님의 뜻을 알아야 하나님의 뜻 안에서 하나님께 순종할 수 있어. 또한 하나님의 뜻을 알아야 하나님의 계획과 방법대로 게으르지 않고 충성스럽게 하나님을 섬길 수 있어. 하나님께서 원하시는 것을 정확히 파악하고 그 뜻을 고스란히 이루기 위해 수고하는 것이 주인 의식을 가지는 거야.

하나님을 위해 위대한 일을 하거나 엄청난 희생을 하는 것이 중요한 것이 아니라, 작은 일을 하더라도 하나님의 뜻에 합한 것을 성실히 하는 것이 중요해."

"지금 예진이 네 이야기를 듣다 보니 학생 때가 생각난다. 학생들은 시험 기간이 되면 문제 출제 경향이나 족보를 얻기 원하잖아. 나도 그랬고. 그런데 교수님들은 학생들이 좋은 성적을 거두는 것도 중요하지만 이보다는 그동안 배운 내용을 한 번 더 복습하고 자신의 것으로 만들기를 바라셨지! 이처럼 하나님의 뜻은 우리가 어떤 사역을 성공적으로 잘하는 것보다 큰 곳에 있는 것 같아!"

하경이 예진의 말에 이렇게 반응하자 옆에서 듣고 있던 요한이 말했다.

"맞아. 성적은 좋지만 배운 내용과 원리를 빨리 잊어버리는 학생은 교수님의 마음을 고스란히 헤아리지 못한 거야. 시험을 앞두고 교수님이 원하는 바처럼, 그동안 공부한 내용을 자신의 것으로 만들고 시험 준비를 꼼꼼히 하는 것이 자기 주도 학습이고, 예진이 앞에서 말했던 주인 의식을 가지는 행동이라고 할 수 있어."

### 사역의 주인 행세를 하면?

두 친구의 말을 듣던 예진이 웃으며 말을 이었다.

"우리가 주인 행세를 하느냐, 아니면 주인 의식을 가지느냐의 차이는 재정 모금과도 큰 관련이 있어. 우리가 사역의 주인 행세를 하고 있으면, 우리 스스로가 알아. 이런 마음으로는 재정 모금을 편하게 할 수가 없지. 왠지 내 일을 하려고 하는데, 능력이 부족해서 다른 사람의 도움을 구걸하는 것 같은 생각이 들기 쉽거든.

물론 이것이 사실은 아니지만, 이런 느낌이 드는 것을 어쩌겠어? 선교사가 이런 마음을 가지고 있으면, 교회와 성도들이 물주로 보일 수 있어. 극단적으로는 '이 정도 규모의 교회라면, 더 도와줄 수 있을 텐데, 왜 그렇게 안 해주지?' 하는 생각까지도 할 수 있지."

"물주⋯⋯. 슬프지만 정말 그럴 수도 있겠다. 그런데 더 심각한 것은 상대방도 자신이 물주 취급당하는 것을 느낀다는 점이겠지. 나도 이런 경험이 있어.

오랫동안 연락이 없던 지인이 갑자기 전화를 걸어와서 친근하게 말하길래 만나 보니, 돈을 빌려 달라고 하는 거야. 이때, 내가 무슨 생각이 들었겠어? '상대가 원하는 것은 내가 아니라 내 주머니의 돈인가'라는 생각이 들었지. 이런 느낌을 받으면, 마음이 닫히고 주머니가 닫히기 쉬워."

하경이 자신의 경험을 말하자, 듣고 있던 예진도 이마를 살짝 찌푸렸다.

"응 그렇지. 그런 경험은 누구나 한 번씩은 꼭 있을 거야! 꼭 돈이 아니더라도. 아무튼 우리가 사역의 주인 행세를 하면, 아무래도 가시적 성과를 거두는 데 집착하기 쉬워. 아무래도 내 능력을 보여 주고 싶고, 내가 얼마나 유능한 사람인지 증명하고 싶어지지.

또 사역의 결과가 크고 좋으면 사람들이 호감을 가질 것이라고 생각하기도 해. 사람들의 관심을 오래 붙잡기 위해, 우리는 더 그럴싸해 보이고 커다란 성과를 보여 주려는 유혹을 느끼기 쉬워. 물론 하나님은 이것을 기뻐하지 않으시지. 그리고 우리가 사역의 주인 행세를 하면, 하나님이 우리의 종이 되어 내 사역에 필요한 것을 모두 마련해 주셔야 한다고 생각하기가 쉽지. 그리고 하나님의 백성도 내 사역을 돕는 것이 당연한 것이라고 생각하기 쉬워.

심지어 우리는 하나님께서 안 주셔서, 혹은 한국 교회가 헌금하지 않아서 우리 사역이 잘되지 않는다고 생각할 수도 있어. 우리에게 천 가지의 엄청난 사역 프로젝트 아이디어가 있고, 이것들만 하면 선교지의 사람들이 다 예수님을 믿을 것만 같은데, 재정이 없어서 못 한다고 남 탓하기가 쉽지.

우리 사역의 주인은 하나님이야. 하나님이 선교의 주체이셔. 우리는 하나님이 시작하시고 주도하시는 사역에 참여하는 하나님의 일꾼이야. 하나님이 우리를 현장에 부르신 것처럼, 선교지에서 필요한 자원들을 공급할 이들도 부르셨어. 전지전능하신 하나님께서 당신의 사역을 하실 때에 어떻게 부족함이 있을 수 있겠어, 안 그래?

하나님과 선교를 이렇게 이해하면서 주인 의식을 가지면, 사역을 위한 재정 모금에 대한 우리의 시각이 변하고 마음가짐이 바뀌게 될 거야. 하나님께서 이루실 사역에 우리가 동참하기에, 하나님께서 필요한 재정을 하나님의 백성을 통해 마련하실 거야.

우리 역할은 하나님이 하실 일을 교회와 성도들에게 알리는 거야. 하나님이 예비해 놓으신 교회와 성도들이 우리처럼 순종함으로 하나님의 일에 참여할 것이고.

하나님이 우리를 부르셨고, 우리가 많은 것을 희생하며 하나님의 부르심에 따라 나섰다면, 하나님이 다른 성도들을 부르시고, 하나님의 부르심을 받은 성도들이 재정을 하나님께 드리는 것도 가능하지 않겠어? 하나님은 당신의 사역을 위해 우리를 부르셨고 다른 이들도 부르셨으니까!"

### 하나님의 비전을 나누는 동역자

요한이 천천히 입을 열었다.

"예진이 말을 처음 들었을 때는 '이미 다 알고 있고, 당연한 것인데 예진이는 왜 저렇게 말하지?' 하는 생각을 하기도 했어. 그런데 다 듣고 보니 나한테 적잖은 도전이 되었어. 나도 머리로는 하나님의 일을 수행하는 청지기라는 생각을 하지만, 이따금씩 사역이 내 것처럼 느껴질 때가 있거든.

역시 오래된 친구들이 좋다. 속마음을 이렇게 털어놓아도 마음이 불편하지 않네."

예진이 요한을 보며 말했다.

"우리가 욕심을 내서라기보다는 잘하려고 하다 보니까 그런 거지 뭐. 우리도 사람이잖아. 안 그래?"

하경이도 요한을 보면서 말했다.

"그래, 맞는 말이야. 우리가 헌신해서 선교 사역을 하지만, 우리도 육신이 연약한 사람이고 깨어 있지 않으면 시험 들기 마련이지."

하경의 말이 끝나자, 예진은 바로 말을 이었다.

"선교 사역을 내 사역이라고 생각하면 모금도 부정적으로 영향을 받기가 쉬운 것 같아. 내가 종종 느꼈던 점인데, 왠지 사람들에게 나를 도와 달라고 부탁하는 것 같았어. 하나님의 일을 한다고 생각하고 그렇게 믿지만, 재정 후원을 요청할 때는 나를 도와 달라고 하는 것 같았다니까. 그래서 왠지 구걸하는 듯한 느낌도 들고 말이야."

"예진아, 무슨 말인지 나도 알 것 같아." 하경이가 동의했다.

"그렇지? 내 말이 무슨 말인지 알겠지? 내가 조금 전에 말했던 것처럼 정말로 선교는 하나님의 일이라고 확신하고, 하나님의 일을 위해 하나님이 친히 선교사와 재정 동역자를 부르셨다는 것을 아는 것이 필요해. 그러면 재정 모금하는 것은 돈을 구하는 것이 아니라 재정 동역자를 구하는 일이 되는 거잖아?

내가 말을 잘해서 성도들이 헌금하는 것이 아니라, 내가 하나님의 비전을 나눌 때 하나님께서 성도들을 재정 동역으로 부르시는 것이니까 마음도 편해지고."

하경이 예진을 보며 말했다.

"그러니까 우리는 '선교의 주인은 하나님이시다'는 것과 '우리는 주인 행세할 것이 아니라 주인 의식을 가져야 한다'는 것을 기억해야 한다는 거지?"

하경의 물음에 요한이 말했다.

"참 쉬우면서도 어렵고, 알면서도 힘드네. 사역의 주체를 하나님으로 보면, 재정 모금도 다른 관점에서 볼 수 있고."

요한의 말에 하경이 목소리가 커지며 말했다.

"맞아. 맞아. 하나님이 우리를 선교지로 부르셨듯이 다른 성도들과 교회도 부르셨다는 말이 내 마음에 확 와닿았어.

내가 사람의 마음을 변화시켜 내 사역에 재정 후원을 하도록 만들어야 하는 것이 아니라, 내가 참여하고 있는 하나님의 사역을 성도들에게 알리면 그중에서 하나님께서 예비한 사람과 교회가 결단하고 나처럼 하나님의 사역에 참여할 것이라는 말이잖아."

예진이 환하게 미소 지으며 대답했다.

"하경이가 요즘 정말 열심히 공부하나 봐. 요약하는 솜씨가 정말 보통이 아닌데?"

하경이가 손사래를 치며 말했다.

"무슨 소리야. 나 원래 공부 잘했어."

"으하하하하!" 요한과 예진은 하경의 말에 손뼉을 치며 웃었다.

잠시 뒤에, 요한이 두 사람의 얼굴을 보며 말했다.

"그런데 과거에는 선교 사역을 위한 재정을 어떻게 모금했을까? 난 가끔 이게 궁금했어."

"진짜? 나도 그랬는데. 그런데 어서시? 난 이만 일어나 봐야 할 것 같은데." 예진이 시간을 확인하며 말했다.

"어머! 시간이 꽤 지났네. 우리 언제 또 보지? 다들 한국에 잠시 방문하는 것이니, 친구라도 만나기가 쉽지 않네." 하경이 아쉬워하며 말했다.

"일단 일어나자. 그리고 메시지나 전화로 연락해서 시간되면 한 번 더 보자."

요한이 빙그레 웃으며 자리에서 일어났다.

Chapter Point!

- 선교는 하나님께 속한 것이다. 하나님께서 주권적으로 계획하시고, 준비하시고, 실행하시는, 하나님의 사역이다.
- 하나님께서 하나님의 사역을 위해 주의 백성을 부르신다. 그러니 선교사는 하나님의 부르심을 받아 하나님의 사역에 참여하는 자이다.
- 재정 모금은 선교사의 사역을 위해서 하는 것이 아니라 하나님의 사역을 위해 하는 것이다.
- 하나님께서 선교사를 부르신 것처럼 재정 동역자도 부르신다.
- 재정 모금은 성도들에게 하나님의 사역에 참여하자고 제안하는 것이다.

3장

# 선교 역사 속의 재정

:
"옛날 선교사들은
어떻게 선교 재정을 모금했을까?"

모라비안 선교사들, 선교의 아버지라고 불리는 윌리엄 캐리, 선교 사역의 민주화를 가져온 허드슨 테일러는 사역을 위한 재정을 어떻게 마련했을까?

한국 교회 최초의 타문화권 선교라고 할 수 있는 산동성 선교의 사역자들은 사역을 위한 재정을 어떻게 모금했을까?

세 친구는 서울에서의 짧은 만남을 뒤로 하고 헤어졌다. 시간은 흘러 요한은 자신의 사역지로 돌아갔다. 선교지에서 다시 일상으로 돌아왔을 즈음, 요한은 예진에게 이메일 한 통을 받았다.

To: johnchoi49@godworks.org

From: yjkim50@fisherofman.org

제목: 선교 역사 속의 재정

요한이에게

사역지에는 잘 들어갔니?

한국에서 받은 건강 검진 결과가 좋다니 다행이다. 이제 우리도 건강을 챙겨야 할 나이가 된 것 같아. 예전에는 아무리 피곤해도 하루 이틀 푹 쉬고 나면 회복되었는데, 요즘에는 그렇지 않더라고! 암튼 선교지에서도 건강 잘 챙기렴.

그리고 이메일 제목을 보고 눈치챘겠지만, 너에게 도움이 될 만한 사료가 있어서 첨부 파일로 보낼게.

김바울 교수님의 세미나 자료 중에 "선교 역사 속의 재정"이라는 글이야. 우리가 서울에서 다시 만나면 주려고 했던 건데, 그러지 못해서 이메일로 보내는 거야. 도움이 되길 바란다.

그럼 하나님 은혜의 풍성함 속에 늘 거하기를 기도할게.

예진이가.

요한은 예진이 보낸 첨부 파일을 열어 읽기 시작했다.

〈들어가는 말〉

하나님은 일하실 때 함께할 사람들을 부르셨다. 하나님은 잃어버린 영혼을 구원하셨고, 그들이 새로운 삶을 살 수 있도록 도울 이들을 파송하셨다. 우리는 그렇게 파송받은 이들을 선교사라고 부른다. 그리고 우리가 선교사이다.

앞서 선교사의 길을 걸어간 선배들은 자신의 생활과 사역에 필요한 선교 재정을 어떻게 모금했을까? 모라비안 선교사들, 선교의 아버지라고 불리는 윌리엄 캐리, 선교 사역의 민주화를 가져온 허드슨 테일러는 사역을 위한 재정을 어떻게 마련했을까?

한국 교회 최초의 타문화권 선교라고 할 수 있는 산둥성 선교의 사역자들은 사역을 위한 재정을 어떻게 모금했을까? 한국동란의 아픔과 혼란이 채 가시기도 전에 태국으로 선교사 파송을 받았던 이들의 재정 수입은 어떻게 마련되었을까? 그리고 우리는 이와 같은 선교 재정 모금의 역사에서 무엇을 배울 수 있을까?

## 모라비안의 재정

모라비안 교회의 타문화권 선교의 배후에는 진젠도르프(Nikolaus Ludwig von Zinzendorf) 백작이 있었다. 그는 독일인이었고, 요즘 말로 선교 동원가였다.

그가 덴마크 왕궁에 방문했을 때였다. 그는 중남미 카리브 제도의 세인트 토마스 섬에서 온 흑인 노예로부터 복음 전도의 필요성을 들었다. 자신의 영지로 돌아온 뒤, 그는 모라비안 교도들에게 선교의 필요성을 역설했다. 그 결과, 요한 레온하르트(Johann Leonhard Dober)와 데이비드 니츠만(David Nitschmann)이 선교 사역을 위해 카리브 제도의 세인트 토마스 섬으로 갔다.

두 선교사가 고향 집을 떠날 때 가지고 있던 돈은 30실링(한화 약 2,400원)에 불과했다. 이것은 매우 적은 돈이었다. 물론 당시에는 요즘만큼 상업이 발달하지 않았으므로 실제 가치는 조금 더 높았을지도 모른다. 이들이 유럽을 떠나기 전에 덴마크 공주에게 하사금을 받았고 궁중 대신과 인사들의 도움을 받기도 했다. 하지만 이들이 소지한 돈이 대서양을 건너 이주하는 사람에게 넉넉한 돈이라고 말하기는 힘들 것이다.

도버와 니츠만 선교사는 50년 동안 교회나 선교 단체로부터 재정 지원을 받은 적이 없다.[1] 1780년이 되어서야 모라비안 선교를 재정적으로 돕기 위한 단체들이 만들어지기도 했으나, 적어도 초기 모라비안 선교는 정기적으로 선교비가 지원되는 선교가 아니었다.

모라비안 선교사들은 선교회 구조를 가지고 있지 않았다. 요즘 지역 교회가 독자적으로 선교사를 파송하는 것을 연상하면 좋을 듯하다. 물론 차이는 있다. 현대 지역 교회는 파송한 선교사를 기도와 재정으로 지원한다. 하지만 당시의 모라비안 교회는 그렇지 않았을 뿐 아니라 그럴 여력도 없었다.

18세기는 비행기와 인터넷은 물론이고 증기선과 전보 같은 것도 없는, 교통과 통신이 불편했던 시절이었다. 선교지로 떠나는 선교사의 손에 쥐어진 약간의 헌금과 이들을 위한 축복 기도가 전부였다. 그 뒤로는 선교사 개인의 어깨에 사역과 생활에 대한 부담이 얹어졌다.

모라비안 선교사들은 대개 일을 해서 스스로 돈을 벌어 자신의 생활과 사역에 사용하였다. 앞에서 언급했던, 도버는 도공이었고, 니츠만은 목수였다. 이들은 선교지에서 자신이 가진 기술을 사용하여 돈을 벌면서 선교 사역을 했다. 많은 모라비안 선교사가 이처럼 자비량 선교사의 삶을 살았다.

만약 이들이 덴마크 국왕의 지원을 받기를 원했다면, 이것이 가능했을 수도 있다. 18세기 초, 독일인 선교사였던 지겐발크(Bartholomew Ziegenbalg)와 플루차우(Heinrich Plutschau)는 덴마크 왕의 지원을 받아 인도에서 사역했다. 하지만 모라비안 선교사들은 이것을 택하지 않았다. 덴마크 왕의 선교 목적과 이들의 선교 목적이 달랐기 때문이었다.

## 윌리엄 캐리의 재정

다음으로, 인도에서 선교 사역을 했던 윌리엄 캐리의 경우는 어땠을까? 윌리엄 캐리의 부모는 평범한 서민이었다. 그는 어릴 때에는 구두 수선공이었고, 성인이 되어서는 초등학교 교사 겸 작은 시골 교회의 목회자로 섬겼다. 그는 교사와 목회자로 섬김의 본을 보였지만, 이렇다 하게 내세울 만한 사회적 지위나 사회적 인맥은 없었다. 그런 그가 교회와 목회자들에게 선교해야 한다고 어떻게 설득하고 선교 재정을 모금했을까?

그는 자신의 책을 통해 선교 비전을 제시하고 동역자를 구했다. 그는 대학 근처에는 가 보지도 못한 사람이었다. 고작 12세까지 학교에 다닌 것이 전부였던 그가 「이교도 선교 방법론: 이교도 개종 방법을 모색하는 그리스도인의 책임에 관한 연구」(미션아카데미 역간)라는 긴 제목의 책을 저술했다.

그는 이 책을 통해 하나님을 모르는 먼 곳의 사람들에게 복음을 전해야 한다고 영국 교회에 호소했다. 이에 덧붙여, 그는 효과적으로 선교할 수 있도록 선교회를 설립하고 후원해야 한다고 말했다.

당시 영국 침례교회의 목회자들과 성도들은 해외 선교에 전혀 관심이 없었다. 윌리엄 캐리는 무명의 시골 교회 목회자였고 누구도 그가 해외 선교사로 나갈 것이라고 기대하지 않았다. 그러나 지속적인 그의 노력으로 결국, 영국 침례교회와 성도들은 윌리엄 캐리의 선교 도전을 통해 해외 선교에 동참하게 되었다. 그리고 이것은 개신교 선교의 마중물이 되었다.

윌리엄 캐리는 교단 선교부의 재정 지원을 받았다. 1792년 5월, 윌리엄 캐리는 동료 목회자들과 함께 영국 침례교 선교회를 설립했다. 열두 명의 목회자가 이 선교회의 설립에 참여하였으며, 이들은 13파운드 2실링 6펜스(한화 약 2만 원)가 조금 넘는 돈을 모았다. 이것은 당시에 적지 않은 돈이었다. 하지만 선교회는 재정적으로 안정적이지 못했고 윌리엄 캐리에게 재정 지원을 꾸준히 하지 못했다.

캐리는 인도에 도착한 후 재정 지원을 원활히 받지 못해 몹시 고생했다. 그는 인디고 농장에서 급료를 받으며 일하게 되면서 선교회의 재정 지원을 사양하기도 했다. 윌리엄 캐리가 자신의 선교 사역의 재정 원칙을 자비량으로 삼은 것에는 이런 배경이 있었다.

캐리는 인도 현지에서 교수 사역을 통해 얻은 재정 수입도 선교 재정으로 사용하였다. 콜카타에 설립된 포트윌리엄 대학에서 벵골어와 마라티어, 산스크리트어를 가르치게 되면서 그는 비로소 적잖은 재정 수입을 정기적으로 얻게 되었다. 캐리는 이 대학에서의 교수 사역을 통해 연간 1,500파운드(한화 약 235만 원)를 연봉으로 받았다. 이 연봉은 캐리와 동료 선교사들의 생활비로 쓰였고 사역비로도 사용되었다.[2]

한편, 캐리는 선교지에서 본국의 교회와 성도들과 서신 왕래를 쉬지 않았다. 1800년대 초반의 통신 수단은 오늘날의 통신 수단과 비교할 때 매우 불편했다. 당시에는 인터넷, 블로그, 소셜미디어같은 것은 당연히 없었고, 휴대 전화는 물론이고 유선 전화도 없었다. 그 당시의 유일한 통신 수단은 편지였다. 당시에는 인도에서 영국으로 편지를 보내고 그 답장을 받는 데 거의 1년이 소요되었다. 뿐만 아니라 영국과 인도 사이에 오가는 편지는 배가 침몰하면 같이 바닷속으로 가라앉았다.

캐리는 이런 상황에서도 선교 보고 편지를 계속 썼다. 그래서 영국의 교회와 성도들은 윌리엄 캐리의 사역을 알 수 있었다. 캐리의 편지를 읽은 영국 교회와 성도들은 때때로 그와 재정 동역을 하였다.

## 허드슨 테일러의 재정

허드슨 테일러는 선교 재정을 모금하지 않고 하나님의 공급만을 바라보며 사역을 하였다. 1832년에 태어난 테일러는 1854년부터 중국에서 선교 사역을 시작하였다. 1865년에는 중국내지선교회(오늘날 OMF)를 설립하여 선교 사역을 했으며 1905년 중국에서 소천했다. 그는 중국 선교, 내지 선교, 믿음 선교 등 선교적 공헌을 많이 했지만, 이 가운데에서 믿음 선교만 간단히 살펴보자.

현대 선교에 대한 허드슨 테일러의 공헌 중 하나는 믿음 선교(faith mission) 개념의 확산이다. 테일러만 믿음으로 선교한 것이 아니다. 믿음으로 성도의 삶을 살거나 사역을 한 사람들을 역사 속에서 찾아볼 수 있다. 테일러는 믿음 선교를 중국내지선교회의 재정 원칙으로 삼고 실천하도록 이끌었다. 이 선교회가 믿음 선교를 재정 원칙으로 표방하고 실천한 이후, 많은 단체가 믿음 선교를 재정 원칙으로 삼았다.

테일러는 선교 재정과 관련해서 다양한 경험을 했다. 그는 중국에 가기 전부터 검소한 생활을 실천했다. 그가 처음 소속되었던 중국복음선교회의 재정은 매우 열악했다. 그는 중국복음선교회가 독신인 자신의 생활비마저 제대로 공급하지 못하고 있다며 자신에게 결혼을 권유하는 이에게 어려움을 토로하기도 했다.[3] 심지어 중국복음선교회는 재정 수입이 몹시 적을 때에는, 필요한 돈을 빌려 현지 선교사에게 보내기도 했다.[4] 그는 1859년, 의료 선교사 파커를 대신해서 잠시 병원을 돌볼 때에도 재정적 어려움에 처했다. 한편, 이때 그는 기적과 같은 재정의 공급을 체험했다.[5]

테일러는 하나님께서 하나님의 일을 이루는 데 필요한 것을 마련하신다고 굳게 믿었다. 테일러와 중국내지선교회는 이 믿음을 바탕으로 선교사의 생활과 사역에 필요한 재정을 선교 보고나 기도 편지에서 언급하지 않았다. 테일러는 일체의 모금 활동을 하지 않았다. 그는 자신의 중국 선교를 보고하는 자리에서도 모금하는 것을 금할 정도였다. 테일러는 모임을 알리는 안내장에 '모금 없음'이라는 말을 꼭 넣어 달라고 요구하기도 했다.[6]

테일러는 오로지 하나님께 기도했고 하나님께서 공급할 때까지 기다렸다. 한번은 그에게 235파운드(한화 약 37만 원)라는 큰돈이 부족해서 기도했는데, 바로 그때 필요한 액수 이상의 수표가 우편으로 도착하기도 했다. 그가 50파운드(한화 약 8만 원)라는 예상 밖의 큰 금액을 헌금으로 받은 직후, 마침 그만큼의 금액을 지출해야 했던 경우도 있었다.[7]

30대 초반의 허드슨 테일러가 중국내지선교회를 설립하고 신생 단체임에도 불구하고 비교적 단기간에 많은 선교사를 모집하며 이들을 위한 재정 후원을 받을 수 있었던 비결은 과연 무엇이었을까?

테일러의 글은 영국의 기독교인들 사이에서 중국 선교에 대한 새로운 관심을 불러일으켰다. 물론 교회들을 다니며 테일러는 중국 내지 선교를 서양 교회에 널리 알리려고 노력을 다했다. 당시 영국 기독교인들은 중국 선교에 큰 관심이 없었고 중국 내지 선교에 대해서는 더욱 그랬다. 그럼에도 불구하고, 그는 영국의 기독교인들은 물론이고 유럽과 북미의 성도들에게까지 중국 선교의 필요성을 알리려고 노력했다.

그가 저술한 「중국의 영적 필요와 권리」(China's Spiritual Needs and Claims)는 중국 내지 선교에 대한 관심을 불러일으켰다. 이 책은 1865년에 처음 출판되었고 1866년, 1868년, 1872년에 걸쳐 4판까지 찍을 정도로 널리 읽혀서 초기에 테일러의 비전과 사역을 알리는 데 큰 역할을 하였다. 이후에도 그는 「중국의 수백만들」(China's Millions)이라는 정기 소식지를 통해 중국 선교에 대한 소식을 전했다. 또한 그는 「연합과 친교」(Union and Communication, 1894), 자서전인 「회상」(A Retrospect, 1894) 등을 저술하며 자신의 비전과 사역을 기독교인들과 공유하려고 노력하였다.

그 결과, 그는 하나님께서 예비해 두신 선교사들을 발굴할 수 있었다. 테일러의 영향으로 많은 주의 일꾼들이 중국까지 갈 수 있었다. 또한 많은 성도가 기도와 헌금으로 중국 선교에 참여할 수 있었다. 중국내지선교회의 설립 이후 서구 개신교는 많은 믿음 선교 단체의 출현을 목격했다.

한편, 많은 믿음의 선교 단체가 20세기 후반부에 재정 원칙을 변경했다. 이제는 많은 선교사가 선교 보고 혹은 기도 편지를 통해 모금 활동을 하거나 재정의 필요를 알린다. 필요한 재정의 구체적인 액수를 공개하는 단체들도 생겨났다.

오늘날 많은 단체가 기도 요청의 방법을 통해 교회와 성도들에게 후원할 것을 요청한다. 문화적으로, 필요한 재정의 구체적인 액수를 언급하지 않을 수 있지만, 이것은 문화적 표현일 뿐 테일러의 믿음 선교 원칙과는 다르다. 이제 전통적 의미의 믿음 선교 원칙을 고수하는 단체는 거의 존재하지 않는다. 물론 테일러와 같은 믿음 선교 재정 원칙을 견지하는 선교사의 존재를 완전히 배제할 수는 없다.

### 한국 장로교회의 산둥성 선교 재정

한국 교회의 산둥성 선교는 한국 교회 최초의 타문화권 선교였다. 1913년부터 1957년까지 44년간 중국 산둥성에서 한국 장로교회의 파송을 받은 선교사 총 11가정이 다양한 사역을 통해 현지인들을 섬겼다(김병규, 김순호, 김영훈, 김윤식, 박상순, 박태로, 방지일, 방효원, 사병순, 이대영, 홍승한 선교사). 이들 중에 방지일 선교사는 방효원 선교사의 아들인데, 그는 최초의 한국 선교사 자녀이기도 하다. 이 11가정의 선교사들은 교회 개척, 신학 교육, 의료 선교 등을 하였다.

한국 장로교회는 1912년 9월 1일 총회를 창립하였고, 이것을 기념하고 감사하는 뜻으로 중국 산둥성에 타문화권 선교사를 파송하기로 결의하였다.

1912년 당시, 한국 장로교회는 성도 수가 세례교인 53,008명을 포함하여 144,260명이었고, 목사 66명, 장로 225명으로 미약했다.[8]

그럼에도 불구하고, 한국 장로교 총회는 1913년 5월에 박태로, 사병순, 김영훈, 세 선교사 가정을 중국 산둥성 라이양시로 파송하였다.

한국 장로교회는 초기부터 선교의 열정이 컸다. 1907년 독노회의 조직을 기념하고 하나님께 감사하며 선교사를 제주도에 파송했다. 그리고 1913년에는 총회 설립 기념으로 타문화권으로 선교사를 파송했다.

하지만 초기 한국 장로교회의 규모나 재정 능력이 미약했기 때문에 재정 후원이 안정적이지 못했다. 당시 선교사들을 파송하고 안정적으로 지원하기에는 한국 장로교회가 너무 작았다. 첫 두 해 동안, 장로교회는 총회 차원에서 전국 교회의 추수감사주일 헌금을 해외 선교 헌금으로 거두어 선교사들에게 보내 주었다. 하지만 이것은 선교사들의 필요를 채우기에는 충분하지 못했고 이마저도 오래가지 않았다.

당시, 한국 장로교회의 선교 정책은 단순했다. 한국 장로교회는 선교사들이 중국 교회에 소속되기를 바라고 이것을 실현하기 위한 수고를 하였다. 뿐만 아니라, 한국 선교사들의 중국 교회 이명(전입)을 재정과 연결 지어 이해했다. 즉, 이들이 중국 교회로 이명되면, 한국 장로교회는 이들에게 재정 지원을 중단해도 되는 것으로 생각했다. 그리고 실제로도 그렇게 했다.

실제로 1916년 이명이 허락되었고 1919년까지도 교회 보조금을 지원하지 않았다.[9] 타문화권 선교 경험이 일천했고, 한국 사회와 한국 교회의 재정 여건이 열악했기 때문에 이런 정책을 채택했던 것으로 보인다.

이상과 달리 현실은 한국 최초 선교사들에게 녹록지 않았다. 선교사들은 경제적으로 큰 어려움을 겪었고, 이 문제가 사역의 장애는 물론 생활마저 어렵게 하였다. 1913년에 산둥성으로 파송받은 선교사들은 쌀이나 밀가루를 구할 수 없어 조를 주식으로 삼았다.[10] 당연히 선교사 가족들은 생활이 어려워 많은 고생을 했다.

특히 박태로 선교사는 질병으로 고생하다가 1918년에 고향에서 소천했다. 1915년에 김영훈, 사병순 선교사 가정은 자신들을 파송한 한국 장로교회와 상의 없이 부득불 중도 귀국했을 정도이다. 두 선교사는 나중에 재정 문제를 중도 귀국의 이유로 언급하였다.[11]

당시의 상황을 알면 조금 더 균형 잡힌 시각으로 이 문제를 바라볼 수 있다. 1910년 대한제국은 일본에 강점당하면서, 사회는 혼란스러웠고 경제는 큰 어려움을 겪었다. 한국 교회는 가난 속에서도 빠르게 성장했다. 또한 1900년 이후 한반도에서 네비우스 정책을 기반으로 한 현지인 중심의 선교가 전개되고 있었다.

네비우스 선교 정책은 자전, 자치, 자립 등 열 가지 원칙을 바탕으로 독립적이고 자립적이며 진취적인 토착 교회를 형성하는 것을 목표로 삼았다. 그런데 한국 장로교회는 선교사 재정 지원을 충분히 하지 못하는 상황 속에서 성급히 네비우스 정책을 채택했던 것이다.

한편, 한국 장로교회는 선교 정책을 재정비하여 보다 체계적이고 지속적으로 이전보다 넉넉한 선교 후원을 시작하였다. 세 명의 초기 선교사들의 갑작스런 중도 귀국이 이러한 변화의 계기가 되었다. 한국 장로교 총회는 진상 조사를 한 뒤에 지속적으로 선교지를 후원하였다. 처음 하던 대로 전국 교회를 대상으로 선교비를 모금하였고 선교사들에게 송금하였다. 뿐만 아니라 1917년부터 약 4년에 걸쳐 총회 전도국은 선교 스테이션을 건설하여 선교사들에게 생활과 사역의 기반을 마련해 주었다.[12]

한국 장로교 총회는 정책과 규정도 마련해서 규모 있게 사역을 하고 사역비를 사용할 수 있도록 도왔다. 이전에 비해 선교비도 많이 늘어, 선교사들이 현지인 사역자 15명의 사례비도 지불할 수 있었다. 경우에 따라 예배당 건축에도 재정을 사용하였다.[13] 1923년에 미화 천불 이상의 특별 헌금이 들어왔고, 1931년에 풍금을 헌물로 받은 기록도 찾아볼 수 있다.[14]

산둥성 선교의 수입 재정은 한국 교회에서 보내오는 감사절 헌금과 특별 헌금으로 이루어졌다. 선교사들의 생활과 사역에 필요한 재정은 교단이 책임을 졌다. 물론 재정 규모는 제한이 있었고, 수입 범위 안에서 지출이 이루어져야 했다. 그렇지만 요즘처럼 선교사 개인이 모금해야 할 필요는 없었다.

한편, 선교사가 특별 헌금을 요청하거나 특정 선교사에게 지정된 헌금을 받는 것은 총회 전도국의 승인을 얻은 뒤에 할 수 있었다.[15] 선교사들의 생활비는 공평하게 지급되었다. 초임 선교사에게는 초기 정착비가 지급되었고 선교사들은 생활비를 동일하게 지급받았다.[16]

한국 장로교회의 산둥성 선교는 여러모로 미약한 교회의 타문화권 선교라는 점에서 칭찬받아 마땅하다. 초기 선교사들은 재정적으로 큰 어려움을 겪었다. 이후에 교단 차원에서 재정을 뒷받침해 주면서 선교사들은 생활의 어려움을 면했고 효과적으로 사역을 펼칠 수 있었다. 그 결과 다양한 사역을 했을 뿐 아니라 좋은 선교의 열매들도 맺을 수 있었다.

### 한국 교회의 초기 태국 선교 재정

익히 알려진 대로, 1955년 한국 장로교회는 총회 파송 선교사로 최찬영 선교사 가정을 태국에 파송하였다. 최찬영 선교사는 초기에 태국 교회와 협력 사역을 하였고 이후 성서 공회와 협력하여 태국/라오스 성서 공회와 아세아 태평양 성서 공회 총무로 사역하였다. 그는 37년 동안 선교 사역을 하고 은퇴한 뒤에 미국 풀러신학교의 한국어 과정을 설립하는 데 크게 공헌하였다.

애초에 그는 미국 풀러신학교로 유학 가기 위해 준비 중이었다. 자신은 학교로부터 학비와 생활비가 포함된 장학금을 약속받았고, 의사인 아내는 학교 인근 병원에서 근무할 수 있도록 일자리가 마련되었다.[17] 이런 최찬영 목사 부부에게 한국 장로교 총회는 태국 선교사로 갈 것을 권면했다. 이 부부는 총회의 권면에 순종하고 태국으로 갔다.

최 선교사 가정은 서울 영락교회의 후원을 받았다. 1956년, 우리나라의 일인당 GNP가 62달러였을 때, 이들은 영락교회로부터 120달러를 받았다.[18] 당시 이들은 우리나라의 1인당 GNP의 두 배에 가까운 재정 지원을 받았으나, 선교 현지에서 이들의 삶은 매우 가난했다. 심지어 현지인들은 가난한 최찬영 선교사 부부를 무시할 때도 있었다.

이들은 태국으로 떠날 때부터 성서공회연합회와 함께 사역하기 시작한 1967년 초까지 지속적으로 선교 지원을 받았다. 최 선교사는 성서공회연합회와 함께 일하기 시작하면서 이 단체로부터 사례비를 받았다. 한편, 이후에도 영락교회는 사역에 필요한 재정을 지원하기 위해 매년 500달러씩 이들을 후원하였다. 최 선교사는 "12년간 영락교회는 우리 가정과 사역을 매우 잘 도와주었다"[19]고 말했다. 또한, 장로교 여전도회의 헌금과 헌물도 있었다.[20]

최 선교사 가정은 한국 장로교회의 전폭적인 지원을 받았던 경우라고 할 수 있다. 당시 우리나라와 교회는 가난했으나, 교단 차원에서 파송한 선교사를 후원하기 위해 많은 재정을 투자했다. 이것을 주도적으로 돕는 교회가 있어서 안정적으로 후원하는 것이 가능했다.

한편, 최 선교사도 자신의 사역을 한국 교회와 공유하기 위해 많은 노력을 기울였다. 이러한 수고의 내용이 담겨 있는 선교 보고는 한국 교회와 성도들에게 큰 도전을 주었다. 최 선교사는 선교지에 도착한 이후 선교 보고서를 통해 자신의 사역을 한국 교회와 공유하였다.

영락교회에 보낸 선교 보고서에 대한 설명에 따르면, 최 선교사는 적어도 분기별로 혹은 월별로 선교 보고서를 보내며 자신의 사역과 일정에 대한 자세한 설명을 하였다.[21] 또한, 파송 교회 담임목사였던 한경직 목사와도 원활한 소통을 하며 중요한 결성은 한경직 목사의 조언을 들었다.[22]

## 한국 교회의 선교 재정

현대 선교 재정 모금은 크게 세 가지로 분류할 수 있다. 첫째, 교단 선교부가 재정 수입을 전적으로 책임지고, 선교사에게 생활비와 사역비를 지급하는 경우이다. 미국 남침례교단 선교부와 나사렛교단 선교부가 그렇게 한다. 둘째, 교단 선교부나 선교 단체가 재정 모금을 돕기는 하지만, 재정 모금의 책임은 기본적으로 선교사에게 있는 경우이다. 셋째, 선교사가 자신의 퇴직 연금을 사용하거나 현지에서 경제 활동을 통해 자급자족하는 일명 자비량의 경우이다.

한국 교회의 선교 재정 모금은 두 번째와 세 번째 경우만 있다. 한국 선교 단체 중에 재정 수입을 전적으로 책임지는 단체는 없는 것으로 보인다. 심지어 교단 선교부조차도 선교 재정의 모금을 선교사 스스로 해야 할 때가 적지 않다. 다만, 기독교대한하나님의성회 교단 선교부와 대한예수교장로회(고신) 교단 선교부는 총회가 선교 재정의 일부를 부담한다.[23]

요즘의 선교 상황은 많이 변화했으나 선교 재정 측면에는 큰 변화가 없다. 선교 재정에 있어서는 두 번째 경우와 세 번째 경우가 비율을 달리하며 혼재한다. 일반적으로 아직까지는 한국 선교사들의 주 재정 수입원은 한국 교회와 성도들이다.

## 선교 재정 역사가 주는 교훈

과연 우리는 앞에서 살펴본 선교 재정 역사에서 어떤 교훈을 얻을 수 있을까? 대략 세 가지로 요약할 수 있다. 첫째, 하나님께서 선교지에 복음을 전할 선교사를 부르신다. 둘째, 하나님께서 하나님의 방법으로 선교 재정을 예비하신다. 셋째, 선교사가 선교 사역을 성도들과 공유할수록 동역하는 교회와 성도가 늘어난다.

부르심에 순종하는 선교사들을 하나님께서 사용하셨다. 하나님은 다양한 사람을 부르셨다. 신앙의 자유를 위해 유리하던 모라비안을 부르셨다. 윌리엄 캐리와 허드슨 테일러처럼 정규 신학 교육을 받지도 못한 시골 목회자와 성도를 부르셨다. 기독교 복음을 받아들인 지 겨우 20년이 된 어린 교회를 부르셨고, 전쟁의 상흔이 채 가시지 않은 한국 교회를 부르셨다. 이들은 세상의 관점에서 보았을 때, 대단하지 않은 사람처럼 보일지 몰라도 하나님의 관점에서는 귀한 믿음의 영웅들이었다. 왜냐하면, 이들은 선교의 부르심에 순종했기 때문이다.

하나님께서 선교지에서 사역할 선교사를 부르시는 것처럼, 선교지에서 필요한 재정도 예비하신다. 선교사들이 부르심에 순종할 때, 하나님은 시기와 상황과 선교사에 따라 재정 공급의 방법을 달리 하셨다.

잃어버린 영혼들에 관한 하나님의 관심과 역사를 교회와 성도들에게 나누어 알리는 것이 중요하다. 이것을 통해 하나님은 재정 동역자를 세우시고 필요한 재정을 마련하신다.

파송받을 때에 재정 후원을 받은 모라비안 선교사는 선교지에서 필요한 재정을 스스로 마련하기도 했다. 국가 혹은 교회가 전적으로 선교사의 재정을 부담한 경우도 있다. 윌리엄 캐리는 선교회에 재정 지원을 받을 뿐 아니라 선교지에서 직접 재정을 마련하기도 했다. 허드슨 테일러와 믿음 선교를 추구한 여러 선교사는 출애굽 백성처럼 '광야의 만나와 메추라기'의 경험을 하기도 했다.

한국 교회의 초기 선교는 재정과 경험 부족으로 선교사들이 큰 고생을 하였다. 너무나도 적은 선교비를 지원받았고, 선교 사역을 하는 데 어려움도 많이 겪었으며, 때로는 무시를 당하기도 했다. 우리나라 선교사의 대부분은 자신이 필요한 재정을 모금해야 한다. 따라서 한국 선교사에게 재정 모금은 효과적인 선교 사역을 위해 꼭 관심을 가져야 하는 영역이다.

선교사가 선교지의 상황을 성도들과 공유할수록 선교 헌금이 늘었다. 침례교 선교부가 윌리엄 캐리를 선교사로 발탁하여 인도로 파송한 것이 아니다. 윌리엄 캐리가 선교회의 설립에 가장 큰 공헌을 했으며 그의 책이 선교회 설립의 큰 단초가 되었다. 선교지에서 그는 활발한 사역을 하면서 많은 서신을 영국 교회와 교환하며 선교지 상황을 알렸다.

허드슨 테일러도 여러 권의 책을 저술하여 영국과 미국에 큰 영향을 주었다. 또한 그는 끊임없이 사람들과 많은 편지를 주고받으며 선교지의 상황을 나누었다. 그는 재정 헌금을 요청하지 않았지만, 많은 교회와 성도가 그의 사역을 위해 헌금하였다. 이것이 가능했던 것은 그가 중국 선교에 대해 성도들과 소통했기 때문이다.

## 오늘날에도 동일하게 공급해 주시는 하나님

〈나가는 말〉

　선교 역사는 하나님의 부르심과 사람의 순종의 역사이다. 선교 역사 속에서 하나님께서 선교지에서 섬길 이들을 부르셨고, 이들과 동역할 이들을 부르신 것을 많이 찾아 볼 수 있다. 하나님의 부르심에 순종하며 나선 이들은 자신에게 주어진 환경과 조건 속에서 하나님의 일을 했다. 그리고 하나님은 이들의 생활과 사역을 위해 필요한 재정들을 공급하셨다.

　오늘날에도 이것은 동일하다. 하나님은 한국 선교사들을 타문화권 사역으로 부르실 때, 동역할 한국 교회와 성도들도 함께 부르신다. 이것은 분명하다. 다만, 선교사들은 자신들이 동역할 한국 교회와 성도들이 구체적으로 누구인지 모른다.

　선교사들은 다양한 방법으로 하나님의 사역을 알려야 동역자들을 만날 수 있다. 윌리엄 캐리는 많은 책을 저술하는 것을 통해 서구 교회와 소통했고 허드슨 테일러는 책과 편지와 선교 보고로 소통했다. 최찬영 선교사도 한경직 목사와 편지를 주고받았다. 선교사가 소통하지 않으면 여러모로 어려움을 겪기 쉽다.

　초기 개신교 선교사들이 타문화권으로 가던 시대는 교통과 통신과 금융망이 몹시 열악했다. 따라서 선교사가 자신의 모교회와 연락을 자주 하며 재정 지원을 정기적으로 받는 것이 매우 힘들었다. 허드슨 테일러는 사역하는 동안에도 서구 교회에 중국 선교의 필요를 알리는 데 시간을 아끼지 않고 투자했다.

21세기의 선교 인프라는 가히 혁명적이라고 할 정도로 크게 변하였다. 교통과 통신, 그리고 금융망은 전 세계를 하나의 마을로 바꾸었다고 해도 과언이 아니다. 그리고 이것들을 사용하는 비용이 과거에 비해 현저하게 줄어들었다. 선교 사역을 위한 재정 모금 방법도 이에 맞추어 변화할 필요가 있다. 선교사의 사역과 생활에 필요한 것을 성도들과 나누며 동역에 초대하는 것이 바람직하다.

Chapter Point!

- 하나님께서 다양한 방법으로 하나님의 일꾼들의 재정적 필요를 채우셨다.
- 파송 교회가 미약했던 초기 개신교 선교사들은 재정 지원을 받았지만, 한편으로 자비량으로 해야 했다.
- 허드슨 테일러는 재정 공급을 하나님께 전적으로 의존했으나, 선교지에서 하나님께서 어떻게 역사하시는지를 서구 교회에 부단히 알렸다.
- 초기 한국인 선교사들은 재정적으로 큰 어려움을 겪는 가운데에서도 하나님의 공급하심을 경험했다.
- 하나님께서 선교지에서 하시는 일을 선교사가 모국 교회에 알릴수록 재정으로 동역하는 이들이 증가했다.

**4장**

# 후원자 vs. 동역자

:
"동역자라고 부르지만
속으로는 후원자라고 생각하지 않나요?"

교수님!
지난주에 어느 교회의 담임 목사님과 선교 후원 관련해서 상의를 하는데,
왠지 그 교회는 도움을 주고 저는 도움을 받는 듯한 느낌이 들었어요.
이전에도 자주 그런 느낌을 받았고요.

그렇지요? 아마 그런 느낌을 받으시는 분이 많을 겁니다. 어떤 분은 교회가 갑이고 자신은 을인 것 같은 느낌을 받는다고 합니다.

요한은 예진이 보낸 이메일의 첨부 파일을 읽고 난 뒤에 모금에 대해 더욱 관심을 가지게 되었다. 요한은 모금에 대해 함께 대화를 나누었던 친구들과 이 주제에 대해 대화를 더 하고 싶었다.

마침 요한은 바쁜 사역들이 어느 정도 잦아들며 여유가 생겼다. 요한이 단체 메신저 방을 만들어 예진과 하경을 초대했다.

### 다시 만난 세 친구

요한    친구들, 잘 지내?
         내가 단체 대화방을 만들어서 너희를 초대했는데 괜찮지?

하경    요한아, 안녕? 그럼 괜찮지! 너무 좋다.
         우리가 각자 다른 나라에 살고 멀리 떨어져 있어도 실시간으로 대화를 할 수 있네. 참 세상 좋아졌다!

요한    그러게 말이야. 난 요즘 파송 교회 목사님과 선교 위원회 장로님과 이렇게 메시지를 주고받으며 서로 안부를 물어.

| | |
|---|---|
| 하경 | 그래? 우리는 그 정도는 아닌데. 요한이에게 이런 면도 있었구나. |
| 요한 | 하하하. 한 가지 제안하고 싶은 게 있는데, 여기서는 너무 심각한 얘기는 하지 말자. 메신저라는 매체의 특성상 불필요한 오해가 생길 수 있거든. |
| 하경 | 무슨 소리야? 오해라니? 편하기만 한데. |
| 요한 | 서로 메시지를 실시간으로 주고받지만, 상황이나 감정이 공유된 상태가 아니잖아? 나는 아침이지만, 너는 점심 먹을 때 되지 않았어? 이렇게 서로의 상황과 감정 상태가 다른데 섣불리 진지한 얘기를 했다가 괜히 좋지 않을 수도 있어. |
| 하경 | 듣고 보니 그러네. 처음 들을 때 모바일 메시지가 진짜 편해 보였는데. 그런 문제도 생길 수 있겠네. |
| 요한 | 요즘 선교 재정 모금하는 것은 어때? 많이 채워졌어? |
| 하경 | 응. 어느 정도 채워졌어. 기도해 줘서 고마워. 일전에 우리가 같이 저녁 먹으며 예진이 말을 들었잖아? 사실 그때 이후로 내 생각과 마음이 많이 바뀌었거든. 하나님의 일에 내가 순종하는 것이니, 하나님께서 재정 동역자를 예비해 두셨을 거라고 생각하고 믿으면서 기도도 하고 말이야. 사실 그렇게 생각을 바꾸니, 뭐랄까 조바심이 많이 없어진 것 같아. '재정 모금이 잘 안 되면 어떻게 하지?' 하는 걱정이 많이 없어졌어. |
| 요한 | 하하하. 잘못 들으면, '될 대로 되라'라는 말로 들리는데? |
| 하경 | 하하하. 그건 아니고. 그런데 여전히 도와달라고 부탁하는 느낌은 남아 있어. |

요한　　하나님과 내 일에 도와달라는 말 같다는 거지? 그나저나 예진이는 바쁜가? 저번처럼 시원하게 대답해 주면 좋을 텐데.

예진　　하경아, 요한아, 잘 지냈어? 두 사람이 나눈 대화를 다 읽느라 이제야 글 쓰는 거야.

요한　　어서 와! 예진아, 건강하지?

하경　　예진아, 반가워. 잘 지냈지?

예진　　내가 모금에 대해 말하는 것보다 김바울 교수님을 우리 대화방에 초대하면 어떨까? 내가 나이가 들어서인지 벌써 다 까먹었어. 다들 어떻게 생각해?

요한　　글쎄, 그 교수님이 당황하시지 않겠어?

하경　　예진아, 교수님하고 그렇게나 친해? 메신저 방에 부를 정도로?

예진　　메시지로 김 교수님과 가끔 대화를 하곤 하는데, 불편해하시진 않는 것 같았어.

요한　　그럼 나는 괜찮아.

하경　　나도 좋아. 은근히 기대도 되는 걸!

(예진 님이 김바울 님을 초대했습니다.)

## 갑과 을의 관계?

예진　　김바울 교수님! 환영합니다. 혹시 바쁘지는 않으세요?

김 교수　반갑습니다. 김 선교사님!

| | |
|---|---|
| 예진 | 신대원 친구들이자, 현재 선교지에서 사역하고 있는 동역자들과 대화방에서 모금에 대해 얘기하다가 이렇게 교수님까지 초대하게 되었어요. 교수님께 큰 폐가 되지 않는다면 문의드리면 좋을 것 같아서요. |
| 요한 | 안녕하세요. 김바울 교수님! 저는 아프리카에서 사역하고 있는 최요한 선교사입니다. |
| 하경 | 안녕하세요. 김바울 교수님! 제가 읽었던 책의 저자를 이렇게 단체 대화방에서 만나 뵙게 되다니 영광입니다. 저는 동남아시아에서 사역하고 있는 이하경 선교사예요. |
| 김 교수 | 안녕하세요. 모두 반갑습니다. |
| 예진 | 재정 모금에 대해 교수님께서 이렇게 말씀하셨잖아요? "우리는 하나님의 일을 하는 것이다. 하나님께서 앞장서서 하실 것이고, 우리는 순종으로 따라가면 된다." |
| 김 교수 | 예, 그렇지요. 그런데 저만 그 말을 하겠습니까? |
| 예진 | 물론 그렇지 않지요. 하지만 선교를 우리의 사역이 아닌, 하나님의 사역으로 보아야 한다고 강조하셨던 것이 저에게 큰 인상으로 남았어요. 그 관점에서 제 사역을 돌이켜 보게 되었죠. |
| 요한 | 김예진 선교사가 우리에게 교수님의 세미나에 대해 얘기하면서 모금 관련해서 많은 도전을 주었어요. |
| 하경 | 저는 직접 세미나에 참석하지는 않았지만, 김예진 선교사가 해 준 교수님의 세미나 요약을 들으며 많은 도움을 받았답니다. |

|         | 정말 그런 마음으로 모금하니까, 마음이 많이 편해지고 자신감도 생기더라고요. |
|---------|---|
| 김 교수 | 제 세미나가 도움되었다고 말씀하시니, 정말 감사합니다. |
| 예진 | 그런데 말이에요. 교회나 성도들에게 선교 헌금을 얘기할 때, 왠지 모르게 도움을 요청하는 것 같은 느낌이 들어요. |
| 하경 | 맞아요, 교수님! 지난주에 어느 교회의 담임 목사님과 선교 후원 관련해서 상의를 하는데, 왠지 그 교회는 도움을 주고 저는 도움을 받는 느낌이 들었어요. 이전에도 그런 느낌을 자주 받았고요. |
| 김 교수 | 그렇지요? 아마 그런 느낌을 받으시는 분이 많은 것 같아요. 어떤 분은 교회가 갑이고 자신은 을인 것 같은 느낌을 받는다고 합니다. |
| 요한 | 그 느낌, 솔직히 저도 받은 적 있어요. 하하하. |
| 하경 | 이것을 어떻게 이해해야 할까요? 바뀔 수는 없나요? |
| 김 교수 | 글쎄요, 그건 참 간단하지 않은 문제입니다. 한마디로 말하면, 선교사님들이 자신의 사역을 위해 헌금하는 교회와 성도를 후원자가 아닌 동역자로 이해하는 것이 변화의 시작일 것입니다. 즉, 후원 교회와 후원 성도가 아닌 동역 교회와 동역 성도로 보시기를 권하고 싶습니다. |
| 요한 | 흔히 그렇게 생각하지 않나요? 그리고 후원자와 동역자가 같은 말처럼 들리는데, 교수님은 그렇게 구별하시는 이유가 있나요? |

김 교수 후원자가 아니라 동역자라고 하는 것은 그저 표현의 차이일 뿐 아니냐고 하는 분도 있을 것 같아요. 그런데 이 표현 안에 담겨 있는 우리 속마음이 무엇인지가 중요합니다.

## 기술 투자와 자금 투자

하경 혹시 한국 교회와 성도들을 내 일을 후원하는 사람으로 보느냐, 아니면 하나님의 일을 같이 하는 사람으로 이해하느냐를 말씀하시는 거예요?

김 교수 바로 그겁니다. 재정으로 동역하는 한국 교회와 성도를 선교지의 동료 선교사처럼 동료로 보는가, 아니면 내 일을 도와주는 스폰서 혹은 후원자로 보는가 하는 것입니다.

스폰서와 후원자는 재정 지원을 누구에게, 그리고 얼마나 할까를 결정할 뿐 나머지는 행사를 주관하는 사람에게 달려 있습니다. 처음에 재정 후원을 받기 위해 행사를 주최하는 사람이 스폰서에게 행사에 대해 설명하고 지원을 요청합니다. 일단 스폰서에게 재정 후원을 받은 뒤에는 행사를 어떻게 하든지, 행사의 결과가 어떻든지 그것은 모두 주관하는 사람 마음입니다.

예진 예, 맞아요. 행사 주최자와 후원하는 스폰서의 관계가 흔히 그렇지요!

김 교수 하지만 동료라면 다를 것 같아요. 비유가 적절하지 않게 들릴 수도 있는데 일종의 동업자라고 말할 수 있을 것 같네요. 선교지에서 같은 팀에 속한 동료 선교사들과 대화와 회의를 많이 하시죠? 혹시 동료들을 내 사역을 위해 필요한 사람들이고 나를 위해 존재하는 사람들이라고 생각하나요?

하경 누가 그렇게 생각하겠어요? 그랬다가는 큰일 나죠.

김 교수 그렇죠? 한국 교회와 성도들도 동료라고 생각하면 좋겠습니다. 이들이 선교 현장에 우리와 함께 있지는 않지만 하나님의 일을 같이 하는 사역의 파트너로 인식하고 그런 관점에서 서로 관계를 맺을 필요가 있습니다.

안 보면 멀어진다는 서양 속담처럼, 동역 교회와 성도가 선교지에서 바로 옆에 있지 않으니 거리감이 느껴지는 건 당연합니다. 한국 교회와 성도가 선교사에 대해 느끼는 것도 마찬가지입니다.

예진 선교사의 동료는 선교지에도 있고 한국에도 있다고 생각하라는 말씀인가요?

하경 그러니까 후원하는 교회를 하나님의 일을 동역하는 교회로 생각하라는 말씀이지요?

김 교수 그렇습니다. 혹시 우리가 한국 교회와 성도들을 종종 동역자라고 부르기는 하지만 속으로 후원자라고 생각하지 않나요?

요한 그게 무슨 말씀이지요? 말은 동역자라고 하지만 속으로는 나의 사역을 돕는 사람으로 생각한다는 말씀인가요?

김 교수 표현은 약간 다르지만, 대략 그런 뜻이죠. 우리가 하나님과의

| | |
|---|---|
| | 관계에서뿐만 아니라, 주변 사람들과의 관계에서도 나 중심으로 생각하기 쉽다는 말입니다. |
| 하경 | 저 자신을 돌아보게 되네요. |
| 김 교수 | 여러분이 잘못했다고 혼내거나 비난하는 것이 아니니 오해하지 마세요. 혹시 불쾌했다면 용서해 주시고요. |
| 예진 | 솔직히 약간 자기방어적으로 교수님의 말씀이 들리기는 했지만, 저 스스로를 돌이켜 봐야겠어요. |
| 요한 | 저에게는 그랬던 면이 약간 있었던 것 같아요. 일단 후원자들이라고 부르고, 후원해 주셔서 감사드린다고 했으니까요. |
| 김 교수 | 최요한 선교사님이 중요한 것을 언급하셨는데, 그것은 잠시 뒤에 언급하기로 하고요. 한 가지 질문을 드릴게요. 사업을 할 때 동업하면 어떤가요? 동업자들이 투자를 같이 할 뿐만 아니라 이익도 나누고 위험도 나누는 것 아닌가요? 그런데, 왜 동업이 잘 안 되지요? |
| 예진 | 우리 아버지가 동업은 죽어도 하지 말라고 하셨는데……. 농담입니다. |
| 요한 | 자신과 동업자의 기여분에 대한 생각이 서로 다르고, 이익 나누는 데 의견 차이가 생겨서 그런 게 아닐까요? |
| 하경 | 동업자 중 한 명이 조금 덜 내고 더 가져가려고 해서요? |
| 김 교수 | 선교사와 동역 교회의 관계를 일종의 동업이라고 보면 어떨까요? 선교사는 기술 투자를 하고, 한국 교회와 성도는 자금 투자 |

를 하고 말이죠.

예진　기술과 자금 중 어느 것이 더 중요할까?

요한　그거야 기술이지, 돈이야 누구에게라도 빌릴 수 있으니까.

하경　그렇지만, 자금 투자자는 다르게 생각하지 않을까?

김 교수　바로 그겁니다. 기술 투자자는 기술이, 자금 투자자는 자금이 더 중요하다고 생각하겠지요. 그게 인지상정 아닐까요? 그런데 어떻게 이 둘 사이에서 경중을 가릴 수 있을까요? 자금 없이는 기술이 꽃을 피울 수 없고, 기술 없는 돈은 그냥 돈일 뿐이지요.

예진　그러니까 서로 존중하고 소중히 여겨야겠네요.

## "저는 도움이 필요 없어요"

하경　그럼 한국 교회와 성도가 나를 돕는 게 아니라, 한국 교회와 성도의 재정, 선교사의 현장에서의 수고가 함께 어우러져서 하나님의 일에 참여하는 것이라는 말씀이네요?

요한　한국 교회의 기도도 포함시켜야지, 하경아!

하경　그야 당연하지.

김 교수　한국 교회와 성도들을 기도와 재정으로 우리와 동업하는 사람들이라고 생각하는 겁니다. 이렇게 생각을 바꾸고, 한국 교회의 성도들에 대한 호칭도 바꾸는 것이 필요할 것 같아요. 후원 교회가 아니라 동역 교회, 후원자가 아니라 동역자! 바울은 자신의 편지에서 자신과 함께 복음을 전하는 데 수고했던 이들을 많이 언급했잖아요. 필요하다면, 동업자라고 불러도 괜찮을 것 같아요. 힘들고 어려운 소식을 나누고 기쁜 소식도 나누면서 선교의 열매를 거두었을 때, 그 공을 동역자들에게 돌리고 말이죠.

예진 교수님, 제게 적잖은 도전이 되었습니다. 특별히 마지막에 하신 말씀을 들으면서 제 기도 편지 작성 방식에 대해 다시 생각하게 되었어요.

하경 맞아! 나도 그냥 사역을 나열하기에 바빴지, 사역의 열매를 하나님과 동역 교회들의 섬김의 결과로 말하는 것은 미처 생각하지 못했던 것 같아.

요한 하경이 말이 맞네. '아' 다르고 '어' 다른데 말이야. 말 한 마디로 천 냥 빚을 갚는다고 했는데…….

김 교수 그렇습니다. 선교지의 동료들과 회의하고 토론하며 그들에게 자신의 사역에 대해 알리고 협력을 요청하죠? 그것처럼 한국 교회와 성도들과도 비전을 공유하고, 과정을 자세히 알리는 것은 당연한 거죠. 사역의 열매를 선교 현장의 동료들과 나누며 고마움을 표현하는 것처럼 한국 교회와 성도들과도 나누는 것입니다. 한국 교회와 성도의 헌신적 재정 동역이 아니었으면, 과연 몇 분의 선교사님이 선교지에서 그렇게 사역을 하고 열매를 거둘 수 있을까요?

모세와 아론, 다윗과 요나단, 바울과 바나바의 깊은 협력과 우정 관계를 선교 현장의 동료들만이 아니라, 한국 교회와 성도들과도 가지면 좋겠어요.

**요한** 쉬운 것 같으면서도 쉽지 않은 말씀인 것 같아요. 마음은 원하는데, 무엇을 어떻게 해야 할지도 모르겠고요. 손뼉도 마주쳐야 소리가 나는데, 솔직히 나만 그렇게 생각해서 되나 싶은 생각도 듭니다.

**김 교수** 물론 문화적으로 현대 한국인들의 성향은 개인주의에 가깝습니다. 전통적으로는 공동체 중심적이었지만 말이죠. 사역을 같이 하는 것을 즐겨 하지 않고, 혼자서 자신의 생각대로 일하는 것을 선호합니다. 그래서 타인과 의견 교환하는 것을 어려워하고, 적절한 타협점을 찾는 것이 힘들 수 있습니다. 타협을 서로 윈-윈 하는 것으로 보기보다는 양편 모두 자신이 양보한 것으로 보기 쉽습니다. 이런 문화 속에서 협력한다는 것은 쉽지 않습니다.

**하경** 예전에 어느 선교사님에게 서로 정보 교환하며 돕자고 하니까 자신은 도움이 필요 없으니 저보고 도움이 필요하면 말하라고 하더라고요. 조금 당황스러웠어요.

**요한** 그래서인지, 교제 수준의 선교사 협의회는 그래도 어느 정도 운영되는데, 협력 사역을 하려고 하면 진도가 잘 나가지 않는 것 같아요.

## 과실수와 꽃다발

예진    교수님, 현대 한국인들이 개인주의적이라고 말씀하셨는데, 왜 그렇게 생각하시죠?

김 교수    물론 우리 문화에 여전히 집단주의적인 요소가 남아 있지만, 많은 부분이 개인주의적으로 바뀌었습니다. 사실 한국의 집단주의는 가족주의라고 합니다. 가족과 친척이 운명 공동체죠. 가족 바깥의 사람은 남과 다르지 않았습니다. 가족주의는 아직도 많이 남아 있습니다. 그런데 가족 구성이 대가족에서 핵가족으로 바뀌면서, 개인주의화 되었죠.

교육도 큰 몫을 했습니다. 중고등학교에서 짝꿍은 친구인 동시에 경쟁자가 아닙니까? 서열화 교육과 대학 입시가 개인주의를 부추겼지요. 한국의 산업화 과정에서 제한된 자원과 기회를 놓고 엄청난 경쟁이 있었습니다. 지금도 그렇고요. 공무원 시험의 경쟁률이 수백 대 일이라는 게 말이 됩니까?

도시화도 한국 사회의 개인주의화에 영향을 주었지요. 이제는 이웃사촌이라는 말이 참 무색합니다. 옆집에 누가 사는지도 모를 때가 많고, 인터넷 발달과 1인 가구의 증가로 주변 사람들과 교류 없이 사는 사람도 많아요.

제가 현대 한국 문화를 언급한 이유가 있습니다. 선교사가 진심으로 한국 교회와 성도들과 동역 관계를 가지려고 해도, 막상 실천하려면 쉽지 않다는 것을 지적하고 싶어서죠.

동역의 관계는 참 어렵습니다. 이것을 시행착오를 겪으며 만들어져 가는 관계로 이해하면 조바심을 가지지 않을 것 같습니다. 한국 교회는 선교사와 동역 관계로 생각해도, 선교사는 후원 관계를 더 원할 수 있고요. 아니면 그 반대일 수도 있고요. 심지어 양편이 모두 동역의 관계를 말하지만, 후원 수준에서 만족할 수도 있고요.

예진    그렇다면 선교사와 한국 교회의 동역 관계는 시간을 들여서 가꾸어야 할 관계네요.

요한    동역 관계를 비유한다면, 과실수와 같은 것이네요. 수년 동안 나무가 성장해서 첫 열매를 맺을 때까지, 잘 돌보고 가꾸어야 하니까요. 이 동역의 나무가 어느 정도 성장해도 가지치기를 해주고, 접붙임을 하고, 솎아 주고, 물도 주고, 농약을 주는 등 계속 돌봐야 하는 거죠.

하경    그렇다면 후원 관계는 일종의 꽃다발인가요? 그냥 주고받는 관계요. 예쁜 꽃을 며칠 감상하다가 시들면 쓰레기통에 버리고 다시 새 꽃다발을 사오고 말이죠.

예진    하경아, 표현이 조금 과격한데?

김 교수    과실수와 꽃다발의 비유는 생각해 보지 못했지만, 꽤 괜찮은 비유인 것 같네요.

하경    어설픈 동역의 관계도 있을 것 같아요.

유한    그게 무슨 뜻이지?

하경    신학교 다닐 때, 유독 "동역자! 동역자!"를 입에 달고 살던 사람

|       | 들이 있었잖아? |
|-------|----------------|
| 예진   | 하하하. 떠오르는 얼굴들이 있어. 그들은 서로 잘 도우며 동역의 관계를 만들었나? |
| 하경   | 그 친구들이 말로는 '동역'을 셀 수 없이 말했지만, 보니까 결국 자기를 도우라는 말이더라고. 자기가 다른 사람을 도우며 동역하는 것은 마음에 두지도 않은 채, 주변 사람들이 자신을 돕는 것만 바라면서 '동역'을 말했더라고. |
| 요한   | 설마, 실제로 그랬을려고? 아마도 그 친구가 도움을 줄 기회가 없었겠지. |
| 하경   | 여기에서는 다 말할 수는 없고. 현민이가 상국이 얘기만 나오면 가타부타 입을 꾹 다물지? 다 그럴 만한 이유가 있어서 그래. |
| 김 교수 | 그것은 동역의 관계라고 할 수 없겠죠. 반드시 서로 주는 만큼 받아야 한다면 동역이라고 할 수 없어요. |

## 후견인-피후견인 관계

| 김 교수 | 요즘 개인적으로 관심이 많이 가고 공부하고 있는 개념이 하나 있습니다. 후견인(patron)과 피후견인(client)의 관계입니다. 아직 이것에 대한 내 연구가 기초적인 수준이라 자세히 말할 수는 없지만, 참으로 다양한 사회 영역에서 찾아볼 수 있습니다. |
|--------|---|

이것은 로마 제국에서 통용되었던 사회적 관계이고, 바울 서신에서도 발견됩니다. 조선 시대에 한양의 힘 있는 양반집에 오랜 기간 머물며 숙식을 신세 지던 시골 양반들도 많았잖아요? 수양대군과 한명회의 관계를 후견인과 피후견인의 좋은 예라고 할 수 있습니다. 국제 정치에서 미국과 약소국의 관계를 이 개념으로 설명하기도 합니다.

예진     교수님, 후견인-피후견인의 관계를 조금 더 설명해 주세요.

김 교수     후견인과 피후견인의 관계는 만들어져 갑니다. 대개 처음에는 피후견인이 후견인을 찾아와서 도와달라고 합니다. 이 도움은 피후견인에게는 적지 않은 도움이지만, 후견인에게는 아주 작은 일이지요.

후견인은 피후견인의 됨됨이와 사정을 고려해서 도움을 줄지의 여부를 결정합니다. 후견인이 도움을 주면, 피후견인은 후견인을 주변 사람들에게 훌륭한 사람이라고 추켜세워야 하고, 후견인에게 일이 생기면 팔을 걷어붙이고 나서야 합니다. 그러면, 후견인은 차후에 피후견인에게 도움을 주고, 피후견인은 후견인에게 자신이 할 수 있는 대로 충성을 합니다. 그런데, 이것은 계약 관계도 아니고 반드시 해야 하는 의무도 아닙니다. 현재 후견인보다 더 넉넉히 챙겨 주는 후견인이 나타나면 피후견인은 새 후견인과 관계를 발전시킬 수 있습니다. 후견인도 언제라도 피후견인을 챙기지 않고 그냥 두어도 괜찮은 것이고요.

요한     교수님의 말씀을 들으면 선교사와 현지 목회자의 관계랑 비슷한 것 같네요. 제가 아는 어느 선교사님이 돕던 현지인 목회자가 다른 선교사님과 함께 사역하고 있는 것을 알게 되면서 무척 섭섭해하셨어요.

하경   어머, 우리도 이런 비슷한 경험을 한 적이 있어요. 우리도 현지 목회자에게 생활비를 주고, 신학교에 다닐 수 있게끔 장학금도 주고, 자녀 학비도 지원해 줬어요. 몇 년을 그렇게 했죠. 그런데 이 분이 다른 한국 선교사님하고 사역을 하고 있다는 것을 알게 되어서, 그러지 말라고 했더니 우리랑 같이 사역을 하지 않겠다면서 발길을 뚝 끊더라고요. 그때 저희는 마음고생을 많이 했어요. 뭐랄까 반드시 우리랑 사역해야 하는 것은 아니지만, 그동안 우리에게 도움을 받으면서 얼마나 고맙다고 말했는지 몰라요.

김 교수   후견인-피후견인 관계를 잘 이해하신 것 같습니다. 이것을 왜 말씀드렸냐 하면, 한국 교회와 선교사가 후견인-피후견인 관계가 될 수 있기 때문입니다.

예진   교수님이 앞에서 언급하셨는데, 우리가 흔히 갑을 관계라고 말하는 것 아닌가요?

하경   가끔 선교사들끼리 "한국 교회가 갑이고 선교사가 을이다"라고 말하긴 해요.

김 교수   선교사님들은 본인이 을의 역할을 하는 것이 괜찮으신가요? 물론 한국 교회와 성도가 갑이 되는 것이고요. 선교사님들은 상하 관계보다는 동업자 혹은 친구 관계를 더 선호하지 않으시

|  |  |
|---|---|
|  | 나요? |
| 예진 | 대부분 수평적인 동반자적 관계를 원하지 않을까요? |
| 김 교수 | 저도 그럴 것이라 생각합니다. 그렇다면 한국 교회와 성도들을 후원자가 아닌 동역자로 보는 것이 적절하지 않을까요? |

## 물주 취급을 받아 본 적 있어요?

| | |
|---|---|
| 김 교수 | 오해받을 수도 있는 표현을 하나 해도 될까요? |
| 예진 | 예, 말씀하세요. |
| 요한 | 괜찮습니다. 교수님. |
| 하경 | 오해하지 않을게요. |
| 김 교수 | 메신저라는 매체에서 이런 말을 했다가는 오해를 살 수 있지만 이해해 주리라 믿고 그럼 질문 하나 할게요. |
| 예진 | 예, 하세요. 교수님. |
| 김 교수 | 혹시 물주 취급을 받아 본 적 있어요? 으레 돈 쓰는 일은 누구의 몫으로 아는 거요. 심할 경우, 돈 쓸 때만 그 사람에게 관심을 가지죠. |
| 요한 | 우리 세 명 중에는 김예진 선교사가 물주네요. 하하하. 우리가 만날 때마다 김예진 선교사가 밥도 사고 커피도 사고 그래요. 신대원 시절부터 그랬죠. |
| 하경 | 정말 그래요. 우리도 물론 가끔 커피나 식사를 사기도 하지만 아 |

|  |  |
|---|---|
|  | 무래도 예진이가 가장 많이 산 것 같아요. |
| 김 교수 | 김 선교사님, 혹시 자신이 물주라는 느낌을 받아 본 적이 있나요? 그때 기분이 어땠나요? |
| 예진 | 아주 간혹 그럴 때가 있어요. 당연히 내가 돈을 내는 것으로 알고 있고, 도와줬는데도 고맙다는 말 한마디를 하지 않고요. 섭섭한 마음도 들고 화도 나고, 자괴감이 들 때도 있었어요. 가장 큰 문제는 마음이 닫히는 것 같아요. |
| 요한 | 예진아, 나는 늘 고마워했어. 다음에 만나면 내가 근사한 곳에서 밥 살게. |
| 하경 | 하하하하. 우리 얘기가 아닐 거야. |
| 김 교수 | 네, 두 분 얘기가 아닐 겁니다. 암튼 바로 이겁니다. 한국 교회와 성도들로 하여금 물주라는 느낌이 들지 않게 하는 것! 선교사의 사역을 위해 내가 재정을 후원하고 있다는 생각을 하지 않도록 하는 것! 참고로 선교사가 재정 동역하는 사람을 물주로 취급해서 그 사람이 그렇게 느끼는 것이 아니라, 동역자로 적절한 관계가 유지되지 않을 때 이런 불필요한 오해가 생길 수 있습니다. 이것은 동역 관계에 부정적인 영향을 끼칠 수 있고요. |
| 예진 | 맞는 말씀입니다. '내가 물주인가' 하는 느낌을 가졌던 경험자로서 동의합니다. |
| 하경 | 그럴 수 있을 것 같아요. |
| 김 교수 | 헨리 나우웬이 부자들에 대해 이런 말을 했어요. "많은 부자가 |

외롭다. 많은 사람이 이용당하고 있다는 느낌 때문에 갈등한다. 어떤 이들은 배척감과 우울증 때문에 고생한다."[1]

'그가 원하는 것은 내 돈이고, 돈 때문에 이렇게 친절하구나' 라는 생각이 들면, 누구라도 그다지 반갑지 않을 것 같아요.

| | |
|---|---|
| 예진 | 네, 정말 그럴 것 같아요. |
| 하경 | 저는 속으로 막 화가 날 것 같아요. |
| 김 교수 | 저도 기분이 좋지 않을 것 같아요. 재정 모금을 할 때, 한국 교회와 성도를 후원자로 여기다 보면 사람보다는 그 사람이 가진 돈에 관심을 가지기 쉽습니다. 아이러니하게 돈에 관심을 두다 보면 오히려 재정 모금이 어려울 수 있어요. 아주 심한 경우에는 후원 교회가 돈을 앞세워서 선교사를 휘두르려고 할 수도 있습니다. |
| 요한 | 어느 교회는 파송 선교사에게 거의 일방적으로 선교지를 옮기라고 해서 결국 그 선교사는 사역지를 옮긴 사례도 있어요. |
| 하경 | 어느 선교사님은 소속 단체에서 선교사 수련회를 한다고 모든 선교사님을 재정 지원하며 초대했어요. 그런데 파송 교회에서 단기 선교 팀을 선교지에서 받으라고 해서, 이 선교사님은 수련회 참석하지 못하고 단기 선교 팀을 받았대요. |
| 예진 | 아무래도 선교사들이 자신을 을로, 재정 후원하는 교회를 갑으로 보다 보면, 교회가 무리한 것을 요구하더라도 거절하기 힘들어요. |

| 김 교수 | 일부 한국 교회의 횡포입니다. 그런 교회들이 잘못하는 거죠. 그런데 잠시 선교사님들도 일부 책임이 있지 않을까 돌아보시겠어요? 왜냐하면, 후견인-피후견인 관계, 혹은 갑을 관계는 속성상 상호적인 거잖아요.

## 선교 공동체

| 김 교수 | 제가 헨리 나우웬을 한 번만 더 얘기할게요. 헨리 나우웬은 재정 모금을 통해 새로운 믿음의 공동체가 만들어질 수 있다고 말했어요.
"사역으로서의 모금이 하나님과의 친교와 서로 간의 친교 속에서 우리를 함께 부를 때, 이것은 진정한 우정과 공동체의 가능성을 가지게 된다."[2]
하나님이 부르신 사역에 선교사와 한국 교회가 함께 순종하고 참여하면서 선교사와 한국 교회는 새로운 믿음의 공동체를 만들게 되는 거죠.

| 예진 | 모금을 통해 선교 공동체를 만드는 것이라는 말씀이시네요.

| 요한 | 머리를 한 방 맞은 것 같아요. 파송 교회와 후원자들, 그리고 저를 공동체로 묶어서 생각해 본 적이 없는 것 같아요.

| 하경 | 저는 선교 공동체라고 하면, 동료 선교사들과의 관계만 생각했지, 한국 교회와 성도들을 사역 공동체의 구성원으로는 생각해 보지 않은 것 같아요.

| | |
|---|---|
| 김 교수 | 한국 교회와 동역을 할 때, 공동체의 관점에서 보면 더 이해가 쉬울 것 같아요. 후원을 공동체로 보기는 조금 힘들지요? |
| 예진 | 선교사와 한국의 후원 교회가 어떻게 공동체를 만들 수 있을까요? |
| 김 교수 | 좋은 질문이에요. 일단 공동체를 만드는 것은 최요한 선교사님의 표현처럼 과실수를 기르는 것으로 이해하면 어떨까요? 과실수를 기르려면 시간과 수고가 많이 들어갑니다. 선교 사역을 같이 하려는 목적이 있는 것은 분명합니다. 하지만 이 목적만으로는 공동체가 만들어지지 않습니다. 선교의 목적은 방향성이라고 할까요? 선교사가 재정 동역자에게 관심을 가지고, 재정 동역자가 선교사에게 관심을 가지는 것이 필요합니다. 선교사에게 관심은 없고, 사역에만 관심을 가지는 교회에 대해 어떻게 생각해요? 별로지요? 마찬가지로, 재정 동역자의 삶에 대해서는 관심이 없으면서 재정을 요청하는 선교사도 마찬가지입니다. 이것을 위해서는 만나서 서로 알아 가고, 같이 기뻐하고, 슬퍼하는 것이 필요하죠. 동역자를 위해 구체적으로 기도하고 있음을 알려 주고, 기도 제목을 나누며 기도 요청을 하고요. 혹시라도 재정 기부 요청을 기도 제목으로 포장하지 마세요. 이런 기도 제목은 듣는 사람을 부담스럽게 합니다. 그러다 보면, 선교사를 만나는 것 자체가 꺼려지고 기도 편지를 읽는 것도 싫어집니다. |

| 하경 | 그게 무슨 말씀이시죠? 선교사는 재정 요청의 의미로 기도 제목을 나누는 것이 아닐 수도 있잖아요? |
|---|---|
| 김 교수 | 맞습니다. 사람 속마음을 어떻게 다 알겠습니까? 듣는 사람이 그렇게 들을 수도 있고요. 사람마다 다르고, 상황에 따라 다르지요. 이렇게 생각하면 어떨까요? 재정을 기도 제목으로 나누었는데, 재정이 채워지지 않았다고 가정하죠. 이때, 사람에 대한 실망감이 없고 하나님의 역사를 기다린다면 재정을 기도 제목으로 나눈 것이라고 볼 수 있죠. 그런데 재정을 기도 제목으로 나누면서, 듣는 사람이 기도와 함께 재정 기부하기를 기대했다면 재정 기부 요청을 간접적으로 한 것이 아닐까요? |
| 예진 | 선교사와 재정 동역자의 공동체가 궁극적으로 선교를 위해 같이 협력하는 것은 맞지만, 믿음 안에서 서로에게 관심을 가지고 서로를 지지하며 가까워지는 것이 필요하다는 말씀이시죠? |
| 요한 | 선교사로 해외에서 살다 보면, 외로움을 느끼고 내가 잊힌 것이 아닌가 하는 생각이 들 때가 있어요. 서운한 마음이 들 기도 하고요. 마찬가지로 한국 성도들도 재정 지원 얘기만 듣는 것 같아서 서운할 수 있겠네요. |
| 김 교수 | 하여튼 중요한 것은 하나님의 일을 같이 하는 동역자라는 생각을 한국 교회와 성도들이 가지도록 선교사가 이끄는 것입니다. 그런데 시간이 벌써 이렇게 되었네요. 저는 이만 나가 봐야 할 것 같아요. 세 분 선교사님을 만나서 반가웠어요. 언제 만나서 교제할 수 있는 기회가 있길 바랍니다. |

| | |
|---|---|
| 예진 | 교수님, 귀한 시간 내주셔서 감사합니다. |
| 요한 | 감사합니다. |
| 하경 | 한 달 뒤에 한국에 방문할 예정인데, 한번 찾아갈게요. |

(김바울 님이 대화방에서 퇴장하셨습니다.)

| | |
|---|---|
| 요한 | 김 교수님이 이렇게 시간을 내주셔서 정말 감사하네. |
| 예진 | 내가 뭐라고 했어? 괜찮을 거라고 했지?<br>하경아, 아까 한 질문에 답이 좀 되었어? |
| 하경 | 응. 내 시각이 좀 좁았다는 생각이 들었어. 그동안 나는 사역과 생활에 필요한 재정을 후원하는 사람들을 찾았던 것 같아. 후원자가 아니라 동역자를 찾는 마음으로 다시 생각해 봐야겠어. |
| 예진 | 사실은 나도 그랬어. 김 교수님의 말씀을 듣고 동역자를 찾는 마음으로 교회와 성도들에게 말했더니 더 긍정적이라는 느낌을 받았어. 동시에 나도 책임감을 더 느꼈고. 멀리 떨어져 있는 동료에게 더 잘해야지 하는 마음도 들고 말이야. |
| 요한 | 하경아, 김 교수님의 말씀을 요약해 줄래? 대화가 너무 길어서 톡을 다시 다 읽기가 힘들어. |
| 하경 | 오케이!<br>우선, 한국 교회를 동역자로 이해하라. 그리고 후견인-피후견인 관계는 건강하고 수평적인 동역 관계가 아니다. 한국 교회와 성도들과 선교 공동체를 만들어라. 마지막으로, 동역의 관계는 과실수를 기르듯 시간과 수고가 필요하다. |

| | |
|---|---|
| 예진 | 우와! 하경아, 정말 대단하다. |
| 요한 | 고마워, 하경아. |
| 하경 | 너희가 요약을 원할까 싶어 진짜 집중해서 들었어. 휴, 집중해서 들었더니 피곤이 밀려오네. 요한아, 언제 만날지 모르겠지만 나중에 만나면 꼭 밥 사! 알겠지? |
| 요한 | 하하하하. 알겠어. 그런데 선교사의 사역은 도대체 어디서부터 어디까지야? 선교 훈련 받을 때는 선교 현장에서 사역만 하면 되는 줄 알았는데……. |
| 하경 | 그런데 정말 교실과 현장은 다른 것 같아. |
| 예진 | 그러게. 다 아는 것 같은데 아직도 배울 게 많아. |
| 요한 | 맞아! |

 **Chapter Point!**

- 한국 교회와 성도들은 선교사처럼 하나님의 사역을 위해 부름받은 사역자들이다. 즉, 이들은 선교사의 사역을 돕는 사람이 아니라, 하나님의 사역에 참여한 사람들이다.
- 한국 교회와 성도들은 선교 후원자가 아닌, 선교사들의 동역자이다. 이들과 현지에 있는 선교사 동료의 차이는 거주하는 곳과 맡겨진 일이 다르다는 점이다.
- 동료 선교사에게 하듯이 재정 동역자들과도 충분히 의사소통하는 것이 필요하다. 즉, 동료 선교사에게 관심을 가지듯이 재정 동역자들에게 관심을 보이는 것이 바람직하다.
- 선교사들에게는 재정 동역자들과 선교 사역의 열매를 공유하고 이들의 수고와 섬김을 인정하는 것이 요구된다.

# 5장
# 선교 사역의 범위

:
"누가 재정 모금 좀
대신해 주면 안 될까요?"

동역자를 구하는 것은 잘 되고 있나요?
쉽지 않죠?

예, 쉽지 않아요.
하루에도 몇 번씩 '이것까지 내가 해야 하나'
하는 생각이 들기도 해요.
선교지에서 지낸 지 몇 년이 지나고 나서
저희를 파송한 단체가 어느 교회를 저희와
연결해 주기도 했어요. 하지만 대부분의
재정 모금은 저희 부부가 다 했어요.
이것이 일반적인가요?

하경은 잠실역 인근의 한 커피숍에 앉아 누군가를 기다리고 있다. 선교 재정 모금을 위해 한국에 머무르고 있던 하경은 김바울 교수를 만나 몇 가지 조언을 듣고 싶었다. 그래서 김 교수에게 이메일을 보내 만날 약속을 정했다. 오늘이 바로 그날이다.

지난 몇 개월을 돌이켜 보던 하경은 만감이 교차했다. 하경은 고등학교 1학년 여름 수련회 때 어느 선교사님의 특강을 들으며, 선교에 처음 헌신했다. 그러고 나서, 대학을 다니던 중에 참석했던 수련회에서 다시 한 번 선교에 헌신한 뒤에 신학대학원에 입학했다. 신대원에 다니며 지금의 남편을 만나 결혼했고, 남편이 목사 안수를 받자마자 동남아시아의 한 나라로 선교사 파송을 받게 되었다.

하경은 선교지에서 헌신적으로 하나님의 일을 했다. 자녀를 돌봐야 하는 엄마였지만, 현지어 공부도 열심히 했다. 오랜 기간 동안 선교 사역만 잘하면 된다는 생각으로 사역을 열심히 했다. 무더운 나라에서 자녀를 낳아 기르는 것이 참 많이 힘들었지만, 헌신의 마음으로 견뎌 냈다. 물론 늘 힘든 것만 있는 것은 아니었다. 사역의 열매를 보는 것도 즐거웠고, 소명을 좇아 살 수 있어서 감사했다.

하경의 가정에 주어진 선교 재정은 넉넉하지 않았지만, 감사히 생각하며 살았다. 심지어 선교 재정은 조금 부족한 것이 좋다는 생각까지도 했다. 선교지에 간 뒤로 동역하는 교회와 성도는 계속 바뀌었다. 동역을 중단하는 교회가 있으면, 동역을 새로 시작한 교회가 있곤 했다. 하지만 최근 몇 개월 동안 교회 몇 군데에서 더는 동역할 수 없다고 알려 왔다.

이런 일은 처음이었다. 재정이 갑작스럽게 줄어들게 되어 기도도 하고 수고도 했다. 하지만 이번에는 재정의 짐을 나눠 질 동역 교회와 성도들을 찾는 것이 쉽지 않았다.

사정이 이렇게 되자, 하경과 남편은 자신들의 선교 사역 범위가 어디까지인가 하는 생각이 들었다. 선교사는 선교지에서 열심히 하고 교회와 성도는 한국에서 열심히 지원하는 것으로 역할 분담하는 것이 맞는 것 같기도 하고 틀린 것 같기도 했다. 하경의 생각은 분주하고 마음은 복잡했다.

### 김바울 교수와의 만남

"혹시 이하경 선교사님이세요?"

김바울 교수가 혼자 앉아 책을 읽고 있는 하경에게 물었다.

"맞습니다. 교수님, 안녕하세요. 이렇게 뵙게 되어 정말 반갑고 시간 내어 주셔서 감사합니다."

"안녕하세요. 반갑습니다. 제가 늦지는 않았죠? 지난번에 메시지로 오랜 시간 대화를 해서인지 초면 같지가 않습니다."

"맞아요. 오래전부터 알고 지내던 분 같아요. 차는 뭐로 드시겠어요?" 하경이 물었다.

김 교수가 자리에서 일어나며 말했다.

"아닙니다. 제가 살게요. 뭘 드시겠습니까? 비록 음료지만 제가 선교사님을 대접하고 싶어요."

"제가 꼭 사 드리고 싶었는데……. 정 그러시면 저는 캐러멜마키아토를 마실게요."

"예, 알겠습니다."

김 교수는 주문대 앞으로 걸어갔다.

잠시 후 주문한 커피가 나왔고, 김교수가 찻잔을 들며 먼저 이야기를 꺼냈다.

"동역자를 구하는 것은 잘 되고 있나요? 쉽지 않죠?"

하경이 살짝 미소를 띠며 대답했다.

"예, 쉽지 않아요. 이메일로 말씀드렸듯이, 하루에도 몇 번씩 '이것까지 내가 해야 하나' 하는 생각이 들기도 해요."

"마음고생이 심하겠네요. 힘내세요. 하나님께서 시작하신 것은 하나님께서 이루시고 마치실 겁니다. 선교사님은 주어진 여건 속에서 맡겨진 사역을 성실히 감당하시면 됩니다."

"감사합니다. 저도 그렇게 생각해요. 우리가 감당할 수 없는 시험을 허락하지 않으시는 하나님이시고, 저의 피난처 되시는 하나님이신 것을 저는 믿습니다. 하나님께서 분명 선하게 인도하실 줄로 믿어요."

커피를 한 모금 마신 뒤에 김 교수가 물었다.

"선교사님은 선교사님의 사역을 하나님이 시작하셨고 하나님께서 역사하시고 있다고 믿으세요?"

"그럼요. 기도를 하고 생각을 해 보아도 하나님께서 역사하시고 있다는 확신이 들어요. 그동안 선교지에서 경험한 몇 가지 사건도 모두 그렇게 증거하고 있고요."

하경의 눈이 반짝였다.

### 선교사가 해야 할 가장 중요한 일

그러나 하경은 이내 어깨가 다시 축 늘어지며 자신 없는 목소리로 말하기 시작했다.

"최근에 재정과 관련해서 어려움을 겪다 보니까 여러 생각이 드는 것도 사실이에요."

하경이 한숨을 한 번 쉰 후, 말을 이었다.

"교수님, 선교 사역의 범위는 어디까지인가요? 요즘 저의 상황이 그래서인지 푸념같기도 하지만, 한편으로는 정말 진지하게 묻게 되는 질문이기도 해요.

그동안 제가 읽었던 책과 강의실에서 배운 것은 선교지에서 어떻게 사역을 잘 할 것인가에 집중되었던 것 같아요. 물론 선교지에 가기 전에 무엇을 어떻게 준비할 것인가에 대한 내용을 책에서 읽기는 했지만 아주 간단히 언급되었던 것으로 기억해요. 그런데 막상 선교사로 나가 보니까, 한국에서 생각했던 것과는 다른 점이 너무 많은데요?"

김 교수가 동의하듯 고개를 끄덕이며 천천히 입을 열었다.

"그렇지요? 한국 교회의 타문화권 선교가 짧은 기간에 급성장해서인지 미처 손이 닿지 않는 부분이 적잖이 있는 것 같아요. 특별히 요즘에는 선교 단체에 소속되지 않고 지역 교회가 독자적으로 선교사를 파송한다든지, 혹은 성도가 스스로를 선교사라고 생각하고 선교지에 가는 경우도 많습니다. 이런 경우, 선교 사역에 대한 준비가 충분히 되어 있지 않는 경우가 많아요."

"사실 저희 부부가 선교 사역을 준비할 때, 저희가 속한 단체는 재정 모금을 저희가 직접 해야 한다고 말할 뿐 이렇다 할 어떤 훈련도 없었어요. 저희가 서점에서 재정 모금과 관련된 책 한두 권을 사서 읽어 본 것이 다입니다.

물론 선교지에서 지낸 지 몇 년이 지나고 나서 저희를 파송한 단체가 어느 교회를 저희와 연결해 주기도 했어요. 하지만 대부분의 재정 모금은 저희 부부가 다 했어요. 이것이 일반적인가요?"

"그래도 이 선교사님은 모금과 관련된 책을 읽어 보셨네요. 이것도 잘 하지 않는 선교사도 많은데요. 적어도 우리나라의 경우에는 선교사가 재정 모금을 해야 하는 것이 일반적인 것 같습니다.

미국의 경우는 남침례교가 교단 차원에서 재정 모금을 하고 소속 선교사들에게 지급했는데, 얼마 전에 재정 모금이 어려워지면서 선교사를 감원한다는 기사도 크게 났지요."

하경이 조금 앞으로 옮겨 앉으며 물었다.

"그렇다면 우리 선교사들은 재정 모금도 우리 사역의 일무로 봐야 하는 걸까요?"

하경의 진지한 물음에 김 교수는 살짝 미소 지은 후, 대답했다.

"예, 그렇습니다. 제가 개인적으로 생각하기에는 재정 모금은 선교 사역을 하는 동안 늘 중요하게 생각하고 반드시 챙겨야 할 선교사의 일 가운데 하나인 것 같습니다. 허버트 케인(Herbert Kane)은 선교사에게 '후원자 모집은 일의 최우선 목표가 되어야 한다'[1]라고까지 말했어요.

국제 오엠선교회의 설립자이자 대표로 수십 년 동안 사역했던 조지 버워(George Verwer)도 재정 모금과 관련해서 이런 말을 했습니다. '후원의 부족, 재정적인 어려움과 압박들은 많은 이로 하여금 실제적으로 사역지에 가지 못하도록 한다. 그들은 재정을 모금하는 일들을 싫어하고 실제로 실천하지 못하기 때문에 사역지로 떠나는 시도조차 하지 못한다.'[2]

선교의 주인이신 하나님이 선교사를 부르셨습니다. 그리고 동역할 사람들도 부르셨습니다. 그렇다면, 동역할 사람들을 찾는 일은 선교사의 몫이 아닐까요?"

### 재정 모금에 관한 성경의 원리

김 교수가 하경의 표정을 한 번 살핀 뒤에 말을 이었다.

"물론, 선교사 개인의 신앙적 확신에 따라 생각이 다를 수도 있을 것 같아요."

하경은 김 교수의 말이 무슨 뜻인지 아는 듯 말했다.

"'허드슨 테일러와 같은 재정 원칙을 가질 것인가, 선교지의 필요를 구체적으로 알리며 협력을 요청할 것인가' 하는 게 문제네요?"

김 교수가 대답했다.

"예, 맞습니다. 선교사들의 기도 편지나 선교 보고회의 내용을 보면 많은 선교사가 현지의 필요를 알리고 있다고 생각합니다."

"맞아요. 제 생각에도 그런 것 같아요."

하경이 동의하자 김 교수가 조심스럽게 말을 이었다.

"어떤 분은 재정 모금의 성경적 근거를 묻기도 합니다. '성경은 누가 재정 모금을 해야 한다고 말하는가?' '하나님의 부르심을 받은 사역자가 해야 하는가, 아니면 교회가 재정을 다 책임져야 하는가?' 선교사님은 어떻게 생각하세요?"

"저야 단체가 재정 모금을 책임져 주면 더할 나위 없이 좋지요. 하지만 한국 단체 중에는 그런 곳이 없는 것 같아요." 하경이 멋쩍게 웃으며 말했다.

"그렇다면, 혹시 두 가지 방법 중에서 어느 것이 더 성경적이라고 할 수 있을까요?" 김 교수가 다시 물었다.

"글쎄요. 이것에 대해 진지하게 생각해 본 적이 없어서 잘 모르겠지만, 그렇게 말할 것은 아닌 것 같아요."

"이하경 선교사님은 모금에 대해서 이미 고민을 많이 하신 것 같으신데요. 네, 둘 중에 어느 것이 더 성경적이고, 덜 성경적이라고 말할 수는 없을 것 같아요."

김 교수가 말을 이어 나갔다.

"한편, 우리는 재정 모금의 몇 가지 원리를 성경에서 찾을 수 있습니다. 예를 들면, '하나님께서 하나님의 일과 하나님의 일꾼을 책임지신다. 그리고 예수님이 머리이신 교회는 복음을 위해 수고하는 이의 필요를 돌보아야 한다'가 한 가지 원리가 될 수 있어요."

하경이 고개를 끄덕였다.

"방금 말씀하신 원리들에 대해 반대할 이들은 없을 것 같아요. 그런데 교회가 적극적으로 나서지 않는 것이 문제가 아닐까 싶어요. 성경이 금지하는 것을 안 하는 것만 중요한 것이 아니라 성경이 장려하는 것을 적극적으로 따르려고 하는 것도 중요하죠."

김 교수가 말했다.

"맞아요. 교회와 성도들이 그렇게 하지 못하는 경우가 종종 있지요. 교회가 먼저 나서서 선교사들과 동역한다면 참 좋겠지요."

하경이 대답했다.

"그러면 얼마나 좋겠어요? 그렇다면 우리는 정말 더 열심히 현지 사역에 집중할 수 있을 것 같은데······."

### 선교지를 가장 잘 아는 사람

김 교수가 자세를 고쳐 앉으며 말했다.

"그런데 말입니다. 재정 모금을 가장 잘하고 효과적으로 할 수 있는 사람은 바로 선교사들입니다. 적어도 세 가지 측면에서 그렇습니다.

첫째, 현실적으로 선교사만큼 재정 동역자를 잘 찾을 수 있는 사람이 없습니다. 둘째, 영적으로 선교사는 하나님과 재정 동역자 사이에 놓인 다리입니다. 셋째, 선교사는 사역의 측면에서 사역과 재정 사이에 놓인 다리입니다."

하경의 눈이 커졌다.

"혹시 조금만 더 자세히 설명해 주실 수 있나요?"

"우선 현실적으로 재정 동역자를 찾는 데 있어서 선교사 자신보다 더 나은 사람은 없지 않을까요? 하나님께서 그 선교사와 함께하시는 사역에 대해 선교사 당사자보다 더 잘 아는 사람이 또 있을까요? 없지 않습니까? 한국에서 신앙생활을 잘 하던 사람을 하나님께서 감동을 주고 이끄셔서 선교지까지 인도하신 거잖아요?

이것을 당사자인 선교사보다 잘 알 수 있는 사람이 있나요? 선교지의 일반적인 사정과 상황은 인터넷 검색만 해도 나옵니다. 하지만, 그런 정보가 사람의 마음을 움직이는 것이 아니잖아요? 하나님께서 한 사람을 선교사로 부르시고 선교지까지 가게 하시는 동안 그에게 주셨던 감동과 확신을 다른 사람은 알 수도 없고 전달할 수도 없습니다.

선교사 본인보다 선교지와 선교 사역에 대해 잘 이해하는 사람은 없습니다. 두 눈으로 선교지를 보았죠. 귀와 입으로 선교지의 사람들과 대화를 나누었죠. 온몸으로 그곳을 느꼈잖아요. 선교지의 희로애락을 다 체험했잖아요. 선교사는 이러한 경험을 바탕으로 하나님께서 그곳에서 하시려는 것을 가장 잘 설명하고 설득할 수 있는 사람이 아닐까 싶습니다."

"그러네요!" 하경이 김 교수의 말에 동의했다.

김 교수는 설명을 이어 나갔다.

"물론 소속된 단체가 잘 지원해야겠지요. 단체에 따라 한국의 지역 교회로부터 재정 동역할 선교사 추천을 요청받을 때가 있습니다. 이때, 단체가 중간에서 다리 역할을 잘 해야 해요. 단체는 한국 교회 전체에 선교 동원을 이끌어 내기 위해서 다양한 활동을 합니다. 하지만 흔히 선교 단체는 특정 선교사의 재정 모금을 위해 수고하기보다는 더 넓은 관점에서 선교사와 재정 동역자, 기도 동역자를 동원하려고 하지 않나요? 선교사가 자신이 참여하고 있는 선교 사역의 필요에 대해 적극적으로 나눌 때, 한국 교회가 구체적으로 참여할 수 있습니다."

하경이 푸념하듯이 말했다.

"통신과 교통이 많이 불편하던 시대에 허드슨 테일러는 자신의 필요를 알리지 않아도 하나님의 사람들에 의해 재정이 공급되었는데, 오늘날에는 그건 언감생심 꿈도 못 꾸겠는데요?"

"그렇게 생각하세요? 저는 조금 생각이 달라요. 오늘날에도 허드슨 테일러와 같은 믿음 선교가 가능하다고 생각해요. 물론 그렇다고 해서, 허드슨 테일러의 방식이 더 성경적이라는 것은 아닙니다. 결국 이것은 선교사가 선택해야 하는 게 아닌가 싶어요.

그렇지만, 이도 저도 아닌 어중간한 선택과 행동을 하는 것은 하나님께 영광을 돌려 드리기도 힘들고 선교사의 삶도 피곤해질 수 있다는 것은 명심해야겠지요."

말을 마친 김 교수의 표정이 진지했다. 이야기를 듣던 하경이 질문했다.

"그런데 어중간한 선택과 행동은 뭘 말씀하시는 거죠?"

"아시다시피 허드슨 테일러는 정말 기도를 많이 했습니다. 하나님과 깊은 교제를 하면서 하나님과의 친밀함을 추구했고 이런 가운데 하나님의 공급에 대한 확신을 가졌습니다.

그리고 허드슨 테일러는 서신 교환을 엄청나게 많이 했어요. 정말 많은 사람에게 편지를 썼고, 자신이 받은 편지에 대한 답장도 썼어요. 그리고 선교 보고 서한도 많이 작성했고요. 그의 서한들과 보고서를 통해 영국에 있는 교회와 성도들이 허드슨 테일러의 사역에 대해 충분히 알았지요."

"그렇군요. 허드슨 테일러의 전기를 다시 한 번 읽어 봐야겠어요." 하경이 흥미로운 듯 대답했다.

## 하나님과 재정 동역자 사이에 놓인 다리

김 교수가 두 번째 포인트에 대해 말하기 시작했다.

"두 번째로 영적인 측면에서 선교사는 하나님과 재정 동역자 사이에 놓인 다리입니다. 선교사들이 선교지를 선택할 때는 흔히 세 가지 중 한 가지입니다. 꿈을 통해 선교지를 선택하는 베드로의 체험, 선교지에 이미 가 있는 사람이 오라고 하는 마게도냐의 부름, 그리고 한국 교회가 제안하는 안디옥의 파송입니다."[3]

하경이 환하게 미소 지으며 말했다.

"교수님, 아주 흥미로운 분류법인데요. 저의 경우는 마게도냐의 부름이라고 할 수 있어요. 단기 선교를 갔었는데, 그곳에서 사역하시던 선교사님이 저에게 꼭 다시 돌아와서 사역해야 한다고 하신 말씀이 마음 한구석에 남았거든요. 이것이 계기가 되어서 그곳을 저의 선교지로 선택했어요."

김 교수가 빙긋이 웃었다.

"그러셨군요. 선교사님의 사례가 아마도 가장 일반적인 유형이 아닐까 싶어요. 어떤 나라에서 사역하는 분들의 경우를 보니까, 마게도냐의 부름이 가장 많았던 것으로 기억합니다.

기독교가 관계의 종교이고, 한국인들이 관계 중심적이지 않습니까? 이런 것을 고려할 때 마게도냐의 부름을 통해 선교지에 가는 것은 어쩌면 당연한 것이라고 할 수 있겠네요."

"그런데 선교사의 선교지 선택 유형과 선교사가 재정 동역자를 구해야 하는 것은 무슨 관계가 있죠?"

하경의 질문에 김 교수가 대답했다.

"하나님께서 어떤 이를 통해 선교사님을 부르셨어요. 하나님께서 선교사님을 현재 사역지로 부르실 때 사용했던 사람은 현지에서 이미 사역하고 계시던 선교사님이셨어요. 현지인들이 선교하러 오라고 부르는 경우도 적지 않습니다. 선교사님이 이미 선교에 헌신했지만, 특정 선교지를 선택하게 된 계기는 하나님께서 선교지의 누군가를 통해 선교사님을 부르신 것입니다. 그렇지요?"

김 교수가 이어서 말했다.

"이와 마찬가지로, 많은 한국 교회와 성도들이 선교에 관심을 가지고 헌신되어 있습니다. 하지만, 구체적으로 어느 지역에서 무슨 사역에 동역할 것인가에 대해서는 모르는 경우가 많습니다. 하나님께서 한국 교회와 성도들을 특정 나라와 사역으로 부르실 때 일반적으로 사용되는 것이 마게도냐의 부름입니다.

하나님께서 선교사를 어떻게 부르셨고, 선교사와 어떤 사역을 하고 계시며, 어떻게 이끌어 가실지에 대해 선교사가 말할 때, 한국 교회와 성도들은 하나님의 음성을 들을 수 있고 순종의 결단을 내릴 수 있습니다.

생각해 보세요. 이 선교사님에게 장기 선교사로 돌아오라고 말씀하셨던 분이 이 선교사님에게만 그렇게 말했을까요?"

하경이 살짝 웃으며 대답했다.

"아니에요. 찾아오는 단기 선교 팀에게 모두 그렇게 말씀하셨대요. 하하하. 한국 교회에 선교 보고할 때에도 선교사가 필요하다고 말하셨고요. 그런데 정말 선교사로 돌아온 사람은 우리 부부를 포함해서 딱 세 가정이었다고 하더라고요."

"특정 선교 지역과 사역에서 하나님이 어떻게 역사하시는지, 한국 교회와 성도들의 순종과 참여를 얼마나 원하는지를 말해 주지 않는다면, 누가 알 수 있겠습니까? 그리고 이 일을 선교사보다 더 잘할 수 있는 사람이 누구겠습니까?

선교사는 단순히 한국 교회와 성도들에게 어느 지역에 선교하자고 말하는 사람이 아니라, 하나님의 나팔이 되어 하나님의 뜻을 전하고 하나님의 음성을 한국 교회와 성도들이 들을 수 있도록 돕는 사람입니다.

조금 더 구체적으로 표현하면, 선교사는 타문화권에 선교 사역을 위해 파송된 사람일 뿐 아니라 한국 교회와 성도들에게 하나님의 뜻을 전하라고 파송받은 사람입니다."

"제가 한국 교회의 파송을 받아서 선교지로 간 선교사일 뿐 아니라 한국 교회로 파송받은 선교사라고요?" 하경이 확인하듯 물었다.

"맞습니다. 선교사는 하나님의 뜻을 전하라고 보냄받은 전령입니다. 선교지에는 예수님을 통해 하나님과 화목하고 새 삶을 살라는 메시지를 전하고, 한국 교회와 성도에게는 하나님의 부르심에 순종하며 하나님의 일에 참여하라는 메시지를 전하는 것이지요."

잠시 숨을 돌리려는 듯 김 교수가 뒤로 기대며 말했다.

"헨리 나우웬도 자신의 사역을 위해 모금해야만 했던 사실을 아세요?"

"정말이요? 전혀 몰랐어요." 하경이 믿기 힘들다는 듯 말했다.

"나도 최근에 알게 되었어요. 헨리 나우웬은 대학 교수이고 좋은 책들을 쓰기에도 바빴을 텐데, 발달 장애인들을 위한 사역을 하면서 이것을 위해 쓸 재정도 모금했던 것 같아요. 이 분이 재정 모금과 관련된 소책자도 쓰셨어요."

"무슨 내용인지 정말 궁금하네요. 제목이 뭐예요?"

"「모금의 영성」(포이에마 역간)이라는 책이에요. 여기에 이런 내용이 있어요.

'부자들이라고 다 가진 것이 아니다. 이들도 외로움과 같은 부족한 것이 있다. 한편, 재정이 필요한 사역자라고 해서 가진 것이 없는 것이 아니다. 사역자에게는 하나님의 사랑이 있고 비전이 있다. 이것을 부자들과 나눌 수 있다. 이렇게 되면 부자들은 하나님의 나라에 그들이 가진 것을 투자할 기회를 가질 수 있다.'[4]"

## 사역과 재정 사이에 놓인 다리

김 교수가 세 번째 포인트에 대해 설명했다.

"마지막으로 선교사는 사역의 측면에서 사역과 재정 사이에 놓인 다리라는 점을 말하지 않을 수가 없겠네요. 헨리 나우웬의 말처럼, 이 세상에 다 가진 사람은 없잖아요. 선교지의 사역은 추수할 일꾼이 필요하고, 한국 교회와 성도는 추수할 일손을 가지고 있고요.

한편, 선교지에서는 잃은 양 한 마리를 찾는 목자처럼 하나님께서 역사하고 계시는데, 한국 교회와 성도는 선교사의 사역을 통해 잃은 영혼을 찾으시는 하나님의 사랑을 목격할 기회를 얻을 수 있지요. 하나님을 중심으로 선교지와 한국 교회가 서로 돕는 일을 선교사가 감당하는 것이에요. 다른 사람이 할 수도 있지만, 한국인이자 그리스도인으로 한국과 한국 교회를 잘 알고 있는 분이 선교지에 살며 하나님의 사랑을 잘 전하면 좋겠죠. 이런 사람으로 선교사만 한 사람은 없을 것 같아요."

"그래서 선교사를 민간 외교관이라고 말하는 분도 있잖아요?"

하경의 말에 김 교수는 고개를 끄덕이며 말했다.

"그렇지요. 선교사는 한국과 한국 교회를 대표하는 민간 외교관일 뿐 아니라, 하늘나라를 대표하는 민간 외교관이지요. 그리고 선교지를 한국에 알리는 역할도 하고 있습니다."

하경이 커피 한 모금을 마신 뒤에 말했다.

"교수님의 말씀을 듣고 보니, 선교사가 재정 동역자를 발굴하는 데 가장 적합하다는 말씀에 동의하게 됩니다. 그렇다고 물론 재정 동역자를 발굴하는 것이 갑자기 쉬워졌다는 말씀은 아니고요. 다른 선교사님들도 저랑 같은 생각이지 않을까 싶은데요.

저번 메신저 대화에서 언급되었던 것처럼 재정 동역을 요청하는 것이 왠지 모르게 도움을 받는 것 같고, 아쉬운 소리를 하는 것 같아서 마음이 불편해요. 어떤 교회는 재정 동역을 언급하는 것에 대해 싫어하는 것 같기도 하고, 심지어 어떤 교회는, 뭐랄까 요즘 유행하는 말로 '갑질'하는 경우도 있어요. 그래서 솔직히 어떻게 재정 동역을 요청해야 할지 아직도 잘 모르겠어요."

김 교수가 수긍하는 듯 고개를 끄덕였다.

"맞아요. 한국 교회 문화에서 재정에 대해 말하는 것이 쉽지 않습니다. 그리고 재정 모금과 관련해서 적절한 훈련이 제대로 갖춰져 있는 것도 아니고요. 하지만 이것은 개선이 가능합니다.

인터넷 검색을 하다가 어느 학생 선교 단체 홈페이지의 내용을 접하게 되었는데, 아주 흥미로웠습니다.

이 단체의 간사들은 자신의 생활과 사역을 위한 재정을 스스로 모금해야 하는데요. 아시겠지만 간사들이 자신의 목표 금액을 모금하지 못하는 경우가 대부분이잖아요. 이 단체도 처음엔 그랬다고 합니다. 그런데 수년 전에 '사역 동역자 개발 훈련'을 간사들에게 제공한 뒤로 훈련을 받은 간사들의 개인 후원액이 평균적으로 매우 크게 상승했다고 해요.[5] 재정 동역자가 충분하지 않은 것은 발굴하지 않아서이고, 발굴하지 못한 이유는 어떻게 해야 하는지를 충분히 배운 적이 없어서 아닐까요?"

하경이 고개를 끄덕였다. 김 교수가 계속 말했다.

"흔히 서양인들은 모금을 쉽게 하고, 혹은 재정 지원을 직접적으로 해도 문화적으로 괜찮다고 생각하는 것 같아요. 그런데 우리는 문화적으로 재정 요청하는 것이 적절하지 않다고 생각하고요."

하경이 눈을 크게 뜨며 물었다.

"그럼 아닌가요? 저도 그렇게 생각하는데요."

"한국과 서양 문화가 같다고는 말할 수 없습니다. 하지만 서양은 재정 요청하는 것이 괜찮고 우리나라는 그렇지 않다고 생각하는 것은 아주 큰 오해입니다. 다른 사람에게 재정 지원 혹은 재정 동역을 요청하는 것을 서양 사람도 부담스러워 합니다. 다만, 차이는 '재정 모금에 대한 교육이 있느냐, 없느냐?' 그리고 '재정 모금을 배우려고 하느냐, 그렇지 않느냐'입니다."

## 주께서 쓰시겠다 대답하라

커피 한 모금을 마신 뒤에 김 교수가 화제를 바꾸어 말했다.

"이 선교사님, 예수님이 예루살렘에 입성하실 때 나귀 새끼를 타신 것을 아시죠? 누가복음 19장 28절부터 36절의 말씀입니다."

"잘 알지요. 구약 스가랴 9장 9절의 성취 아닌가요?"

하경이 기억을 더듬으며 대답했다.

"잘 아시네요. '보라 네 왕이 네게 임하시나니 그는 공의로우시며 구원을 베푸시며 겸손하여서 나귀를 타시나니 나귀의 작은 것 곧 나귀 새끼니라.'"

"그런데 예수님이 예루살렘에 입성할 때 나귀 새끼를 타신 이야기를 왜 꺼내신 거죠?"

하경이 묻자, 김 교수가 답했다.

"예수님께서 공생애를 통해 하나님의 나라를 선포하시며 회개할 것을 사람들에게 가르치셨지요? 제자들은 예수님과 함께 다니며 예수님께서 하시는 모든 일을 보았고요. 예수님과 제자들이 예루살렘으로 여행해서 입성을 앞두고 있습니다.

이때, 예수님이 제자들에게 명하십니다. '가서 나귀 새끼를 가져오라. 만약 누가 묻거든, 주께서 쓰시겠다 대답하라.' 예수님께서 이미 어느 나귀 새끼를 사용할지 결정하시고, 준비를 다 해주셨어요. 그리고 나서 제자들에게 '나귀 새끼를 가져오라'고 하십니다. 다른 사람이 아니라, 예수님과 동행하며 함께 사역하던 제자들에게 이런 명령을 하셨지요. 누구보다도 예수님의 사역을 잘 아는 제자들에게 필요한 자원을 가져오라고 말씀하신 것입니다."

"이 말씀을 그런 맥락에서 읽어 본 적이 없는 것 같아요."

하경의 말이 끝나자, 김 교수가 하경에게 질문했다.

"제자들은 어떤 마음이었을까요?"

"음…… 글쎄요."

"예수님의 기사와 이적을 많이 보았기에 이런 것 정도는 아무렇지 않았을까요? 하지만 나귀 주인에게 말하지도 않고 무단으로 가져오다가 낯선 이에게 '주가 쓰시겠다'고 말하는 것은 어땠을까요? 제자들이 당황하고 이 상황에 부담감을 많이 가지진 않았을까요? 혹시 도둑으로 오해받을까 봐 걱정은 안 했을까요? 나귀 주인이 '화를 내며 쫓아내면 어떻게 하지?' 하는 생각은 안 했을까요?

제자들이 나귀 새끼를 가져오라는 예수님의 말씀에 순종했을 때, 스가랴 9장 9절 말씀을 성취할 수 있었습니다. 오늘 예수님이 이 선교사님에게 '가서 나귀 새끼를 가져오라'고 말씀하시는 것은 아닐까요? 그리고 누가 물으면 뭐라고 답할지도 예수님께서 알려 주셨지요. '주가 쓰시겠다'고 말이에요."

하경은 잠시 아무 말을 하지 않았다. 나귀 새끼를 가져오라는 예수님의 말씀에 대해 생각하는 것 같았다.

"시간이 많이 지났네요." 김 교수가 시계를 보았다.

"정말 시간이 많이 지났네요. 사실 재정 모금하는 것이 쉽지 않아서, 누가 좀 대신해 주면 안 될까 하는 생각도 했었어요. 교수님의 말씀을 들으면서 재정 모금을 하고 재정 동역자를 찾는 것도 제 사역의 일부라는 생각을 다시 하게 되었습니다."

하경의 말에 김 교수가 답했다.

"도움이 되셨다니 제가 오히려 감사합니다. 좋은 사역을 하는 것이 재정 동역자를 찾는 데 도움이 됩니다. 단순히 인기 있는 사역 혹은 유행하는 사역을 말하는 것이 아니라, 선교지의 사람들을 변화시키며 지역 사회가 복음으로 변화되는 사역을 시도하고 이끄는 것이 좋은 사역이죠. 그리고 재정 동역자를 충분히 발굴하는 것이 하나님의 일을 하는 데 도움이 됩니다. 이것은 설명하지 않아도 아실 것 같습니다."

"예, 맞는 말씀이에요. 안 그래도 그런 고민을 하던 중입니다. 오늘 귀한 시간을 내주셔서 감사합니다. 또 볼 수 있으면 좋겠어요."

하경의 인사에 김 교수가 미소 지었다.

"이 선교사님의 사역을 위해서, 그리고 재정 동역자들을 잘 발굴하는 것을 위해서 기도하겠습니다."

 **Chapter Point!**

- 선교사의 사역 범위는 선교지에서의 사역뿐 아니라 재정 동역자를 발굴하고 유지하는 것까지 포함한다.
- 허버트 케인은 재정 동역자 모집이 사역의 최우선 목표가 되어야 한다고 제안했다.
- 선교사 본인보다 선교지와 자신의 사역을 잘 알고, 재정 동역자들과 의사소통할 사람은 없다.
- 선교사는 하나님과 재정 동역자 사이에, 그리고 선교 현지의 필요와 재정 동역자 사이에 놓인 다리이다.
- 재정 모금은 선교지의 사역과 밀접한 연관이 있을 뿐 아니라 선교사 사역의 일부이다.

6장

# 동역할 가치가 있는 사역

:
"큰 프로젝트나 잘 포장된 사역을
기대하는 걸까?"

저는 이런 말도 들었어요.
예배당 건축처럼 가시적인 사역을 해야
선교 헌금이 많이 들어온다고 말이에요.
단기 선교 팀을 많이 받아야 후원 교회가
늘어난다는 말도 있고요.

저도 사역과 재정 모금이 어느 정도 관련이
있다고 생각해요. 다만, 어느 특정 사역이
재정 모금이 잘 된다고 생각하지는 않아요.

하경, 예진, 요한이 반가운 만남을 가진 지 벌써 1년이 지났다. 하경의 안식년은 거의 끝나서 몇 주 내로 선교지로 돌아갈 예정이다. 재정 모금도 어느 정도 이루어져, 세 교회가 동역 교회로 새롭게 세워졌고 개인적으로 재정 동역을 하는 성도도 열 명 정도 늘어났다.

예진과 요한은 소속된 선교 단체의 회의와 선교사 수련회에 참석하기 위해 한국에 몇 주간 방문했다. 셋이 모일 수 있게 되자, 하경의 제안으로 이들은 김바울 교수의 연구실에 방문하기로 했다.

방학이 시작된 지 얼마 되지 않은 김 교수는 학생들의 성적 채점으로 바쁜데도 자신의 연구실을 찾은 세 선교사를 반갑게 맞이해 주었다. 예진이 노크하고 문을 열자, 세 선교사를 본 김 교수가 웃으며 반겼다.

"교수님, 그동안 평안하셨어요?"

예진이 인사하자, 하경도 환한 얼굴로 인사했다.

"안녕하세요, 교수님. 잘 지내셨지요?"

"처음 뵙겠습니다, 교수님. 바쁘실 텐데 이렇게 시간을 내어 주셔서 감사합니다."

요한이 김 교수와 악수하며 말했다.

"어서 오세요. 잘 지내셨나요? 보시다시피, 최근에 종강해서 성적 채점 등으로 연구실이 어지럽습니다."

김 교수의 말에 예진이 연구실을 둘러보며 말했다.

"괜찮습니다. 교수님들의 연구실이 이렇게 생겼군요. 저는 학교 다닐 때 수줍음을 많이 타서 교수님 연구실에는 한 번도 가 본 적이 없어요."

김 교수는 이들에게 앉을 자리를 안내한 뒤, 냉장고에서 더치커피를 꺼내어 아이스 아메리카노를 만들어 탁자에 내어 놓았다.

"저희가 사 온 음료수는 차갑게 해서 나중에 드세요." 요한이 음료수 박스를 탁자에 올려놓으며 말했다.

"이번에 한국에 오면서 교수님께 드리려고 산 작은 선물이 있어요. 저희 지역에서 나는 유기농 꿀이에요." 예진이 잘 포장한 선물 봉투를 탁자에 내어 놓았다.

"감사합니다. 저를 기억하고 찾아 주는 것만으로도 고마운데, 이렇게 선물까지 준비하셨네요."

김 교수가 환한 미소를 지었다.

## 가시적인 사역을 해야 모금이 잘 될까?

인사와 근황 이야기를 하며 분위기가 부드러워지자 예진이 먼저 본격적인 이야기를 꺼냈다.

"저희가 교수님께 재정 모금과 관련해서 많은 도움을 받았습니다. 제가 참석한 세미나도 좋았지만, 저희 세 사람이 교수님과 나눈 대화방의 내용도 정말 좋았어요."

하경이 말을 이었다.

"그리고 저는 따로 만나서 과외까지 해주셨잖아요. 정말 도움이 많이 되었어요. 교수님 덕분에 힘을 내어 재정 동역자를 구할 수 있었어요. 아직 필요한 재정을 100퍼센트 다 채우지는 못했지만, 꽤 많이 재정 동역자를 발굴했어요. 예전보다 훨씬 건강한 관계를 가지게 된 것 같아요."

"여기에 같이 오면서 이하경 선교사가 교수님의 도움을 많이 받았다고 말하더라고요." 요한이 하경의 말에 맞장구를 쳤다.

"제가 무슨 큰 도움이 되었겠어요? 이 선교사님께서 고민하고 기도하면서 열심히 하셨으니까 그런 거죠. 하여튼 감사합니다." 김 교수가 겸손히 말했다. 그리고 예진이 조심스레 말을 이었다.

"교수님, 우리가 무슨 사역을 하는지가 재정 모금과 깊은 관계가 있을까요?"

예진이 김 교수에게 묻자, 요한도 조심스럽게 말했다.

"저는 이런 말도 들었어요. 예배당 건축처럼 가시적인 사역을 해야 선교 헌금이 많이 들어온다고 말이에요. 단기 선교 팀을 많이 받아야 후원 교회가 늘어난다는 말도 있고요."

김 교수가 답했다.

"저도 사역과 재정 모금이 어느 정도 관련이 있다고 생각해요. 다만, 어느 특정 사역이 재정 모금이 잘 된다고 생각하지는 않아요. 아무래도 한국은 문화적으로 정이 많은 사회이다 보니까 감정에 호소하면, 재정 모금이 더 잘 되거든요. 우리나라도 얼마 전까지 가난을 경험했잖아요. 현지의 가난한 모습과 사역이 중첩되어 한국에 소개가 되면 왠지 측은해 보여서 도와주고 싶은 마음이 생기기도 하죠.

그리고 한국 기독교인들은 예배당 건축을 큰 영광으로 생각해요. 한국에서는 예배당 건축에 적게는 수십억, 크게는 수백억이 들어가는데, 선교지에서는 오백만 원에서 천만 원 정도만 있으면 예배당을 지을 수 있다는 말에 건축 헌금을 하는 분도 적지 않아요."

하경이 끼어 들며 질문했다.

"사실 저희에게 선교지에 예배당을 지어 주겠다고 제안한 교회가 있는데, 저희도 할까요?"

"말이 잠시 다른 데로 빠지는 것이지만, 간단히 답을 드릴게요. 현지 교회가 말 그대로 폭발적으로 성장하고 있어서 예배당 시설이 턱없이 부족한 경우가 아니라면 안 하시기를 권하고 싶습니다."

김 교수는 하경에게 대답해 준 후, 하던 얘기로 돌아왔다.

"한국 교회와 성도들에게 후원할 가치가 있다고 여겨질 만한 사역을 하시면 좋겠어요. 앞에서 말한 것처럼, 특정 사역은 좋고, 특정 사역은 나쁘다고 말하는 것이 아닙니다. 각 나라와 상황에 따라 어떤 사역은 효과적이고 후원할 만한 가치가 있을 수 있겠지만, 또 어떤 사역은 그렇지 않을 수 있거든요.

엄청나게 큰 프로젝트를 해야 하는 것도 아닙니다. 잘 포장된 사역을 기대하는 것도 아니죠. 다만, 한국 교회와 성도들이 우리의 사역에 참여하고 싶은 마음이 들 정도로 의미 있는 사역인가를 물어야 할 것 같아요."

## 선의만으로 충분하지 않다!

예진이 눈을 동그랗게 뜨고 질문했다.
"교수님, 무슨 뜻인지 알 것 같아요. 하지만 기업체처럼 효율성을 따지는 것도 문제 아닐까요? 기독교 사역인데요."
김 교수가 대답했다.
"조금 더 설명해 볼게요. 물론 효율성만을 말하는 것은 아닙니다. 한 마리의 잃은 양을 찾기 위해 아흔아홉 마리의 양을 뒤로 하는 목자의 마음이 예수님의 마음이었잖아요? 그렇지만 좋은 마음, 혹은 선한 의도가 좋은 사역의 충분한 조건이 되는 것은 아니에요.
사실 하나님에 대한 헌신과 낯선 이들에 대한 사랑만큼 선한 뜻이 어디 있겠어요. 죄인인 우리를 위해 이 땅에 인간으로 오시고 죄가 없으심에도 십자가형을 당하시고 우리의 속죄 제물이 되신 예수님! 이 예수님을 우리는 따르고 있지 않나요?
예수님의 제자로 산다는 것은 하나님께 우리를 드리는 것이며 나의 유익을 좇지 않는 삶을 말하는 것이잖아요. 예수님이 그러셨듯이 우리도 그렇게 살려고 노력하는 것이죠. 이것은 정말 숭고하고 선한 의지라고 할 수 있지 않을까요?"
김 교수는 숨을 고르고 자신의 어릴 적 경험을 말해 주었다.
"그런데 좋은 뜻을 가지고 있다고 해서 모든 행동이 좋은 것만은 아니고 좋은 결과를 낳는 것도 아닐 수 있어요. 오히려 정반대의 결과도 나타날 수 있습니다.

제가 초등학교 5학년이었을 때 일이에요. 하루는 학교에서 현장 체험 학습을 다녀왔어요. 학교로 돌아왔을 때, 우리는 모두 무척 피곤했습니다. 선생님은 우리를 귀가시키기 전에 몇 가지 안내 사항을 칠판에 쓰려고 칠판을 지우기 시작하셨어요. 저는 피곤한 선생님을 도우려는 좋은 뜻으로 칠판 앞으로 가서 지우개를 들고 선생님 옆에서 칠판을 지웠어요.

잠시 뒤에 선생님이 당황하시며 제게 큰 소리로 말했어요. '너, 지금 뭐해? 그걸 지우면 어떻게 해?'

그때 저는 뭘 잘못했는지 몰라서 당황했어요. 잠시 뒤에 깨달았습니다. 이유인즉슨, 선생님이 다음날 수업에 사용하시려고 미리 칠판에 수업 내용을 써 놓으신 것을 제가 지웠던 것입니다! 저는 선생님을 돕겠다는 좋은 뜻을 가졌지만 선생님을 더 번거롭게 해드리고 만 것이지요.

개인 생활에서만 적용되는 것이 아니라 공적인 삶에서도 이런 일이 일어나기 쉽습니다. 우리 선교 사역에서도 이런 일이 생기기 쉽죠. 한국 교회와 성도들이 순수한 마음으로 선교 사역을 돕다가도 동참할 가치가 없다고 느껴지면, 크게 실망하고 재정 동역을 중단하기 쉽습니다."

김 교수가 자신의 책장 어딘가에 꽂혀 있던 프린트물을 가져와서 이들에게 나누어 주었다.

"이것은 제가 어느 기독교 잡지에 기고했던 글이에요. 나중에 잠시 시간 내어서 읽어 보세요."

"아, 감사합니다. 꼭 읽어 볼게요!" 요한이 힘차게 대답했다.

다음 내용은 김 교수가 기독교 잡지에 기고했던 글의 내용이다.

## 가치 있는 사역을 추구하자

선의를 바탕으로 한 것일지라도 실제로 큰 의미가 없는 사역을 하는 것은 지양해야 한다. 2016년 초에 한국의 인터넷 신문과 MBC 기자 수첩에서 캄보디아 물 펌프 기부 사업에 대한 탐사 보도가 있었다.[1] 그 내용은 가히 충격적이었다. 1990년대 초반부터 한국의 여러 단체와 회사는 캄보디아의 물 부족 상황을 돕기 위해 1970년대에 우리나라 마을에서도 흔히 보았던 수동식 물 펌프 기부 사업을 시작했다. KOICA도 캄보디아에서 물 펌프 기부 사업을 했고, 어느 정수기 회사는 십 년 동안 천 개의 물 펌프를 설치해 주었다고 한다. 그 외에도 크고 작은 단체들은 물론이고 개인들도 캄보디아의 여러 지역에 물 펌프를 설치해 주었다. 한국 단체와 개인들이 수천 개의 물 펌프를 캄보디아에 설치한 것이다.

그런데 이 좋은 섬김에 문제가 있었다. 물 펌프를 설치하기 위해 땅을 파야 하는데, 대개 30-40미터 혹은 50-60미터 정도로 땅을 파고 물 펌프를 설치했다는 것이다. 여기에는 두 가지 문제가 있었다. 그 정도 깊이를 파면, 물 펌프를 우기철에나 사용할 수 있어 마을 주민들에게는 사실상 큰 도움이 되지 않는다는 것이다. 또 하나는 캄보디아의 지층에는 건강에 안 좋은 비소가 많이 들어 있어 물 펌프를 사용한다면 비소가 포함된 물을 마시게 되는 것이다.

그래서 캄보디아 사람들은 새로 생긴 물 펌프를 사용하기보다는 전통 방식을 고수하거나, 물 펌프를 사용하되, 빨래나 씻는 용도로만 사용할 뿐 식수로는 사용하지 않았다고 한다. 결과적으로 한국의 관심과 수고와 재정이 동원되고 투자되었지만, 그 열매는 미미했다.

캄보디아 사람들이 1년 내내 사용 가능하고 식수로도 사용 가능한 물 펌프를 설치하기 위해서는 지하 암반층을 뚫고 그 밑에 있는 물을 끌어 올려야 했다. 그럼 왜 애초에 그렇게 하지 않았을까? 여기에는 비용의 문제가 있었다. 30-60미터를 파는 비용은 백만 원 안팎이었고, 100미터를 파는 비용은 약 오백만 원이 들었다. 물 펌프를 설치하는 데 4-5배 차이가 나는 것이었다.

아마도 물이 부족해서 생활이 어렵다는 안타까운 소식을 듣고, 백만 원을 기부하는 단체나 개인은 많았을 것이다. 하지만 설치 비용이 약 오백만 원 정도 된다면, 사람들이 선뜻 기부하기가 쉽지 않을 것이다. 그리고 캄보디아에 물 펌프를 설치하는 단체의 입장에서도 모금하기가 훨씬 어려웠을 것이다.

또한, 실적을 중요시하는 단체라면 물 펌프 5개보다는 25개가 더 좋고, 20개보다는 100개가 더 낫다고 판단하기 쉽지 않겠는가! 그리고 캄보디아의 토양과 수질에 대해 과학적이며 위생적 접근을 하지 않거나 중요하게 생각하지 않은 것도 문제였다.

교회와 성도들은 선한 동기뿐 아니라 좋은 결과도 보기 원한다. 선의만으로는 교회와 성도들의 참여를 이끌어 내기 쉽지 않다. 물론 한국 교회와 성도들과 일회성 만남을 통해 지원을 받을 수도 있다. 또는 덮어놓고 지지하고 지원하는 교회와 성도가 일부 있을 수도 있다. 하지만 현재 동역하는 교회와 성도들과 좋은 협력 관계를 유지하면서 새로운 동역자들을 발굴하고 협력 관계를 발전시키려면, 우리는 선한 동기와 함께 좋은 결과를 가지도록 노력해야 한다.

글_ 김바울

## 사역을 위해 조사와 준비를 충분히 하라

김 교수에게 하경의 질문이 다시 이어졌다.
"의미 있는 사역을 하려면, 또 무엇을 알아야 할까요?"
김 교수가 대답하기 전에 요한이 끼어들며 말했다.
"솔직히 말해서 저는 주변에서 선교사님들이 하고 있다고 하면 따라하고 싶은 생각이 들거나, 쉽게 지금 당장 할 수 있는 것을 고려하는 경우가 있어요." 요한이 말하며 예진을 멋쩍게 보았다.
"아무래도 재정이 넉넉하지 않다 보니 그런 생각을 하는 것 같아요." 예진이 요한을 거들었다.
김 교수가 커피 한 모금을 마신 뒤에 입을 열었다.
"선교 현지에서 그 사역이 정말 필요해서 많은 분이 그것을 하신 수도 있죠. 충분히 그럴 가능성이 있습니다. 그런데 우리 속담에 '싼게 비지떡'이라는 말이 있죠? 우리는 최소의 비용으로 최대의 효과를 원하지만, 사실은 그렇지 않습니다.

수고가 적으면 열매도 적은 법입니다. 비용이 적으면 결과도 작은 법이죠. 쉬우면 그 가치도 높지 않을 가능성이 크죠. 목표를 높이 잡고 이것을 성취하려고 노력할 때, 사역의 열매도 있고 동역자도 많아집니다."

"우리 남편이 동네 탁구 동호회에서 1등을 했는데, 올림픽 금메달을 딴 것처럼 아주 좋아했어요. 모르는 사람이 보면 올림픽 금메달을 받은 줄 알겠다고 제가 남편을 놀렸어요."

하경이 말하자, 김 교수가 고개를 끄덕이며 말했다.

"맞습니다. 동네 탁구 동호회의 1등과 올림픽 메달 중에 어느 것을 받았을 때 기분이 더 좋겠어요? 당연한 질문이지만, 탁구 동호회 1등과 올림픽 메달 중에 어느 것이 받기가 더 힘든가요?

합창단에서 새 단원을 뽑아야 한다면, 서울시 교향악단이었던 단원을 선택하겠습니까, 아니면 지방 소도시 음악 동호회 교향악단에서 활동하던 단원을 선택하겠습니까? 그리고 어느 교향악단의 연주회에 사람들이 더 비싼 돈을 내고 가려고 할까요?"

김 교수가 말을 이었다.

"조금은 원론적인 이야기로 들릴 수 있지만, 기대되는 효과가 높은 사역을 어떻게 찾을 수 있을까요? 현지어를 배울 때는 사역에 뛰어들 것이 아니라 장차 할 사역을 모색하는 것이 바람직합니다.

선교사가 선교지에 도착하면 대략 2년 정도 현지어와 문화를 배우는 시간을 꼭 가져야 합니다. 현지어와 문화를 배우는 것은, 하면 좋은 것이 아니라 반드시 해야 하는 일입니다.

선교지에 오자마자 몇 개월 안 되어서 사역을 시작하느라 현지어와 문화를 배우지 못하는 선교사가 적잖습니다. 이들 가운데 자신의 현지어 구사 능력의 부족함을 절감하고 선교지에 온 지 10년 만에 다시 차근차근 현지어를 학습하는 선교사도 보았습니다.

물론 그 뒤로 사역의 내용과 질이 바뀐 것은 두말할 필요가 없고요. 현지어와 문화를 배울 때, 자신의 미래 사역을 준비하는 것을 통해 기대되는 효과가 높은 사역을 찾을 수 있습니다."

김 교수의 말이 끝나자 예진이 질문했다.

"우리는 이미 선교지에 10년 안팎 정도 있어 봐서, 교수님의 말씀을 충분히 이해합니다. 장차 할 사역을 모색한다는 말씀을 조금 더 설명해 주시겠어요? 사역을 준비하는 구체적인 방법이 있나요? 교수님 말씀을 들으면서, 우리는 어떻게 했나 점검하고 싶어요."

"선교지에 오래 있더라도, 새로운 사역을 시작할 수 있잖아요? 사역을 새롭게 시작하려고 할 때도 적용이 가능합니다. 우선 이미 해당 사역을 하는 분들의 이야기를 듣는 것입니다. 사역의 동기, 목적, 사전 조사 내용, 준비의 규모, 효과, 개선점 등을 파악하는 것이죠.

다른 나라에서 온 선교사들을 만나 그들의 사역에 대해 소개를 받고 이들의 의견을 듣는 것도 필요합니다. 언어 장벽이 있을 수도 있지만, 진심으로 관심을 보이며 배우려고 하면 배울 수 있습니다.

이때, 듣고 발견하고 느낀 것을 꼭 기록해 놓아야 합니다. 대화하면서 메모해도 좋고 집에 와서 잠시 기억을 더듬으며 정리하는 시간을 가져도 좋습니다. 그렇게 하지 않으면, 금방 잊어버려서 자신에게 별로 도움이 되지 않습니다.

현지 기독교인들을 만나서 이들의 이야기를 듣는 것도 꼭 필요합니다. 이들이 어떻게 예수를 믿게 되었고 어떻게 신앙생활 하고 있는지를 듣는 것이죠. 아시는 것처럼, 낯선 사람에게 이런 이야기를 선뜻 하기 쉽지 않으니, 우선 몇 번 만나며 서로에 대해 신뢰를 쌓은 뒤에 알고 싶은 것들을 질문하는 것이 좋습니다."

예진이 하경을 보며 말했다.

"맞아. 선교지에 도착했을 때 선배 선교사님들을 찾아다니며 질문했던 것이 기억난다. 그런데 그때 교수님이 말씀하신 것처럼 꼼꼼히 질문하지도 않았고 메모하지도 않았던 것 같아. 그래서 나중에 또 묻기도 그렇고 좀 후회했는데."

김 교수가 말을 잇는다.

"맞아요. 선교사님들 중에 선배 혹은 동료 선교사들과 대화를 하며 장래 사역을 구상하는 분이 많습니다. 하지만 관련 도서나 연구, 그리고 통계 자료 등을 찾아보는 경우가 더 많지 않나 싶어요. 선교사님들의 이야기는 사례라고 한다면, 연구나 통계는 전체적이고 종합적인 안목을 주기 때문에 유용합니다. 어느 정도는 한국에서부터 실행할 수 있습니다. 자신이 졸업한 대학교나 인근 공공 도서관에서 어렵지 않게 전자 파일로 된 자료를 찾을 수 있어요. 물론 집에서도 인터넷을 통해 할 수 있지만 대학교나 공공 도서관에서 자료를 검색하고 내려받기를 원할 경우 비용을 절감할 수 있습니다. 학술연구정보서비스(www.riss.kr)를 꼭 한 번 방문하셔서, 검색창에 사역지나 사역 종류를 입력하고 검색해 보세요. 정말 외진

곳이 아니면 자료가 적지 않습니다.

수년 전부터 국가 차원에서 연구 지원과 관리를 해온 결과, 과거에 비해 많은 연구가 있을 뿐 아니라 매우 간편하게 연구 자료를 찾아볼 수 있습니다. 영문 자료는 더욱 많이 찾을 수 있고요. 또, 현지의 관련 자료를 찾으면, 하고자 하는 사역에 대해 배경과 전망을 얻을 수 있습니다.

선교지의 학자와 기자가 현지어로 연구한 내용들을 현지의 도서관, 서점, 신문 등에서 찾아 읽는 것은 미래의 사역을 준비하는 것일 뿐 아니라 현지어와 문화를 배우는 것이기도 합니다."

"하지만 시간도 많이 들고 돈도 꽤 들 것 같아요. 또 어디서 무엇을 찾아야 할지도 모르겠고요." 요한이 낮은 한숨을 쉬며 말했다.

"시간도 많이 들이고, 수고도 해야 하고, 돈도 써야지요. 하지만 사역을 한번 시작하면 적어도 몇 년 할 것 아닌가요? 몇 년의 사역을 위해 조사하고 연구하는 1-3개월이 과연 긴 시간이라고 할 수 있을까요?

막상 사역을 시작한 다음에 준비가 부족하거나 잘못 준비해서 고생하는 수고와 비교한다면 준비와 조사하는 수고가 훨씬 적지 않을까 싶은데요.

아마도 연구 자료를 내려받고 책도 몇 권 사는 데 10-20만 원 정도 들 거예요. 물론 이것은 적지 않은 돈입니다. 하지만 이 사역에 들어갈 돈이 수백만, 수천만 원이잖아요? 그렇다면 자료 구매에 쓰인 돈이 그렇게 많다고는 할 수 없을 것 같은데요?"

"맞아요. 조사를 많이 하고 준비가 충분할수록 더 알차게 사역을 준비할 수 있지 않을까 싶어요. 제가 제대로 준비하지 않고 뛰어들었다가 고생한 사역들이 떠오릅니다." 하경이 자신의 경험들을 머릿속으로 떠올리며 말했다.

## 철저한 사역 준비는 신뢰로 연결된다

"사실 재정 동역자들은 선교사들이 조사도 많이 하고 준비도 많이 한 것 같은 모습에서 더 신뢰감을 가지게 됩니다. 물론 덮어놓고 지지하고 지원하는 분도 있습니다. 아마도 이런 분들은 이미 관계가 깊이 형성된 분들이겠지요. 하지만 동역을 시작하려는 분들 중에는 선교사를 모르는 사람들도 있습니다. 그래서 조금 더 비평적으로 사역들을 보기 쉽습니다.

하나님의 인도하심 이후 사역을 얼마나 꼼꼼히 준비해 왔는지를 보면 사역의 열매도 있을 거라는 믿음을 가지게 됩니다."

김 교수의 말이 끝나자, 예진이 무언가 생각난 듯이 말했다.

"느헤미야처럼 말이죠? 예루살렘 소식을 하나님으로부터 들은 뒤에 느헤미야가 하나님의 부르심을 온전히 따르기 위해 정말 철저히 준비했잖아요."

김 교수가 환히 미소 지었다.

"예, 아주 좋은 예입니다. 종종 선교사님들의 사역 비전을 듣다 보면 하나님께서 주신 비전에 대한 언급만 있을 뿐, 이것을 위해 사전 조사 등 준비를 철저히 했다는 인상을 받지 못할 때가 많아요.

물론 준비 과정이 힘들고 시작 단계가 어렵습니다. 하지만 조사와 준비를 폭넓게 했을 경우, 사역의 과정은 보다 용이할 수 있습니다. 만약 철저한 준비가 직접적으로 도움을 주지 않더라도, 위기나 힘든 상황을 이겨 낼 수 있는 지혜와 힘이 될 수 있습니다.

선교사가 특정 사역을 시작하기 전에 동기, 목적, 사전 조사 내용, 준비의 규모, 효과 등을 깊이 조사하고 정리해서 자료로 가지고 있는 것을 한국 교회와 성도들이 알게 되면, 이것이 그 사역에 동참하고자 하는 동기가 될 수 있습니다."

하경이 김 교수의 말을 확인하듯 물었다.

"어떤 사역에서 좋은 결과를 거두기 위해 선교사가 관련된 내용을 조사하고 필요한 지식을 습득하면, 이것이 재정 모금에도 도움을 준다는 말씀이시죠? 선교사가 좋은 사역을 할 수 있는 준비가 되어 있지 않으면, 사역의 열매가 좋지 않을 뿐 아니라 한국 교회와 성도들의 협력도 못 얻을 수 있다는 말씀이고요?"

김 교수가 고개를 끄덕이며 말했다.

"처지를 바꾸어서 생각해 볼까요? 선교사님들은 누구와 재정 동역을 하시겠습니까? 교회 지도자를 양성하고 교회를 개척하려는 두 선교사님이 있는데, 한 분은 선교지의 교회 역사를 거의 모르시고 다른 한 분은 선교지의 교회 역사를 참 잘 설명한다면 어느 분이 더 신뢰를 주나요? 이렇듯 한국 교회의 신뢰를 충분히 얻지 못하면, 재정 동역도 쉽지 않습니다."

김 교수가 구체적인 예를 들며 설명했다.

"이런 상황은 어떤가요? 사회복지에 대해 잘 모르는 선교사가 선교지에서 고아원이나 양로원을 운영하는 것에 대해 한국 교회와 성도들은 어떻게 생각할까요?

처음에는 측은한 마음과 사랑하는 마음으로 시작했으니 이해할 수 있습니다. 하지만 고아원이나 양로원을 운영한 지 5년, 10년이 지났는데도 사회복지에 대한 체계적인 공부는 둘째 치고 사회복지와 관련된 도서들을 충분히 읽어서 기초 지식을 쌓지 않았다면, 과연 이 선교사가 고아원이나 양로원을 잘 운영한다고 신뢰할 수 있을까요?

후원 교회와 성도들과의 대화에서 이런 것들은 자연스럽게 드러나기 마련입니다. 선교사가 자신의 사역에 대한 기본적인 전문 지식을 갖추게 되면 사역을 잘할 뿐 아니라, 선교지의 사람들이나 한국 교회와 성도가 보아도 믿음직스럽게 보이지 않을까요?"

예진이 고개를 끄덕이며 말했다.

"예, 맞아요. 정말 그렇겠죠!"

"제가 아주 큰 감동을 받은 일을 두 가지 정도 소개할게요. 몽골 울란바토르 인근 지역에서 교육 사역을 하는 선교사를 만난 적이 있어요. 이 선교사는 목회자임에도 불구하고 교육학 박사 과정까지 공부하고 대학에서 잠시 가르치기도 하셨죠. 그분의 사역 소개에도 학력과 경력을 쉽게 찾을 수 있어서 그분의 사역이 더욱 믿을 만해 보였습니다.

네팔의 어느 선교사는 출판사를 운영하고 계세요. 이분은 직업 군인이었고 제대 후에 신학을 공부하고 경기도의 한 지역에서 목회를 하셨어요. 그리고 선교의 부르심을 받아 네팔에 가서 사역을 하고 계시는데, 이분이 하는 사역 가운데 하나가 기독 도서 출판입니다. 이분은 출판 사역을 위해 많은 수고와 재정을 투자하셨고, 출판 관련 업무에 대한 이해와 실기를 익히기 위한 구체적인 노력도 했습니다. 출판 실무를 배우기 위해 한국에서 출판 교육을 짧지 않은 시간 동안 받았을 정도니까요."

## 수혜자 중심의 사역을 하라

김 교수는 한국 교회와 성도들이 참여하고 싶은 마음이 드는, 가치 있는 사역이 되기 위해 또 무엇을 염두에 두어야 하는지 계속 설명했다.

"고려해야 할 것이 하나 더 있는데, 그것은 현지인 중심의 사역을 하는 것입니다."

예진이 물었다.

"선교사가 생각하기에 현지에 필요한 사역이 아니라, 현지인들이 체감하는 필요를 채우는 사역을 해야 한다는 말씀이신가요?"

"맞습니다. 현지인들의 체감 필요를 채우는 사역을 해야 합니다." 김 교수가 머리를 끄덕이며 답하자, 요한이 머리를 갸우뚱거렸다.

"선교사들이 현지인의 필요를 채우기 위해서 이런저런 사역을 하지 않나요? 예배당 건축, 학교와 고아원의 설립과 운영 등, 이런 것이 현지의 필요를 채우기 위한 것 아닌가요? 호스텔도 그렇고요."

김 교수가 빙긋이 웃으며 답했다.

"물론이죠. 그러한 사역들이 현지의 필요를 채우기 위한 것이죠. 다만 현지인이 느끼는 필요의 정도가 선교사가 느끼는 것과 다를 수 있다는 말입니다.

현지인들에게 있으면 좋은 것이기는 하지만, 꼭 필요한 것이 아니라면, 선교 재정으로 운영하는 것을 재고할 필요가 있지 않을까요?"

하경이 물었다.

"예를 든다면 무엇이 있을까요?"

김 교수가 잠시 생각을 한 뒤에 입을 열었다.

"이것은 선교지마다 다르기 때문에 섣불리 말하기는 쉽지 않습니다. 그런데 이런 것은 어떨까요? 초등 교육이 의무인 나라에서 초등학교를 설립하는 것은 지양해야 하지 않을까요?

물론 미션스쿨을 운영하며 기독교 교육을 한다면 조금 다른 경우가 될 수도 있겠지요. 하지만 이 경우에도 여전히 고민할 요소들이 많을 거 같은데요? 도시화로 인구가 감소하고 있는 오지에 학교를 설립하는 것도 재고할 필요가 있고요.

우리나라의 도시화에서도 볼 수 있듯이, 다른 나라도 빠르게 도시화 과정 속에 있는데, 몇 년 뒤에 학교에 다닐 학생들이 없게 되면 어떻게 하죠?

그리고 규모가 작은 가정 교회에 예배당 건축을 해주는 것도 조심해야 해요. 어떤 선교지에 방문해서 현지인 목회자를 만났는데, 어느 날 모르는 한국인 목사님이 찾아와서 예배당을 지어 주고 갔다고 합니다. 그 뒤로 이 목사님은 한국 교회의 도움을 또 받을 수 있을까 기대하고 있습니다."

예진이 고개를 끄덕이며 말했다.

"현지 정부나 교회가 할 수 있는 것은 선교사가 하지 않는 게 좋겠다는 말씀이네요. 또 사회 변화를 예측하며 사역을 하는 것도 필요하고, 물량 선교가 되지 않도록 해야 한다는 말씀이고요."

"예, 맞습니다." 김 교수가 환한 얼굴로 답했다.

### 체감 필요를 아는 방법

하경이 다시 물었다.

"이런 판단을 과연 누가 잘할 수 있을까요? 과연 현지인들의 체감 필요의 정도를 선교사는 어떻게 제대로 파악할 수 있나요?"

김 교수가 하경을 보며 말했다.

"아주 좋은 질문입니다. 쉽지 않죠. 처음에도 쉽지 않고 경험이 오래 쌓여도 쉽지 않죠. 인류학자들이 현지 조사를 할 때 사용하는 두 가지 방법이 있습니다.

관찰과 질문이죠! 현지인들의 생활을 관찰하고 선교지의 사람들과 대화를 통해 현지인들의 체감 필요를 찾을 수 있습니다. 물론 이것은 시간이 꽤 걸리는 일입니다.

현지인 중 몇 사람이 어떤 것을 말했다고 해서, 섣불리 그것을 체감 필요라고 생각해서는 안 됩니다. 소수의 의견일 수도 있고, 선교사들의 관심사를 알고 있는 현지인들이 관계를 우선적으로 고려하여 말한 체면치레의 답일 수 있습니다. 이런 것은 있어도 그만이고 없어도 그만인 체감 필요로, 현지인으로서는 딱히 마다할 이유도 없는 것이겠지요."

김 교수가 식은 커피를 한 모금 마시고 다시 말하기 시작했다.

"다양한 채널로 선교지의 체감 필요를 파악하는 것이 바람직합니다. 선교지에 오래 거주한 한국인과 서양인 선교사들과 함께 현지의 체감 필요에 대해 의논하는 것도 필요합니다.

사실 여러 사람이 있는 공개된 자리에서 자신의 사역을 시시콜콜 다 말하는 사람은 거의 없습니다. 개인적으로 만나서 다양한 질문을 한다면, 선배 선교사들의 경험과 지혜로부터 배우는 것이 있을 것입니다.

혹시라도 자기 자랑으로 비칠까 봐, 혹은 나중에 흉잡힐까 봐 본인의 사역에 대해 말하는 것을 꺼리는 분들이 적지 않습니다. 질문을 하다 보면, 깊은 이야기를 자세히 들을 수 있습니다."

김 교수가 예를 들어서 설명했다.

"마치 이런 것과 비슷합니다. 대학교 1학년 학생 중에 수강 신청을 하기 전에 선배들에게 자신이 수강하려는 과목들에 대한 정보를 묻는 이들이 있습니다. 대개 질문에 따라 대답이 결정되는데, 이것을 모르는 1학년생 학생이 많습니다.

1학년 학생이 '○○과목 어때요?'라고 묻는다면, 선배는 뭐라고 대답하겠어요? '응, 괜찮아.' 혹은 '그냥 그래.' 이런 식의 대답을 합니다. 이래서는 원하는 답을 듣기 힘듭니다.

구체적인 답을 듣기 원하면 구체적인 질문을 해야 합니다. 그리고 솔직한 답을 듣기 원한다면 어느 정도 신뢰 관계를 구축하는 것도 필요하지요."

요한이 말했다.

"아까 교수님도 말씀하셨는데, 선교지의 사람들에게도 묻는 것이 필요하죠. 그런데 흔히 자신과 함께 사역하는 사람들에게 묻고 끝나는데, 그럴 것이 아니라 전혀 상관없는 사람들의 의견을 묻는 것도 필요할 것 같아요.

현지 기독교인과 비기독교인들에게 그들이 절실히 느끼고 있는 체감 필요에 대해 물어보는 것도 필요하고요. 이 사람들은 우리 사역의 직접 수혜자가 아니기 때문에 조금 더 객관적인 입장에서 우리의 궁금증을 풀어 줄 수 있을 것 같은데요?"

요한의 말에 이어 예진이 김 교수를 보며 말했다.

"현지인들이 체감하지 못하는 필요지만 선교사가 반드시 실천해야 하는 사역도 있을 것 같아요. 복음 전도와 제자 훈련이 그 대표적인 예가 아닐까요?

흔히 선교지의 사람들은 예수님을 모르고 하나님을 모른 채 지금까지 살아온 사람들이잖아요? 이들 중에서 어느 날 갑자기 예수님이 필요하다고 생각하거나 예수님의 제자가 되고자 열망하는 사람을 만나기는 쉽지 않았던 것 같아요. 심지어 기독교는 자신들이 살아온 관습과 문화와 다르다고 생각하며 배척하는 이들도 있을 수 있고요.

이런 사람들에게 인내심을 가지고 복음을 전하고 예수님의 제자가 되도록 수고하는 것은 선교지 사람들의 체감 필요와 상관없이 지속적으로 이루어져야 할 일 같아요."

김 교수가 미소 지으며 말했다.

"맞습니다. 체감 필요를 채우려고 하는 우리의 모든 노력이 사실 방금 말씀하신 것을 위한 것이지 않을까요?"

김 교수가 연구실의 벽시계를 잠시 보며 말했다.

"제가 최근에 읽은 책 중에 「냉정한 이타주의자」(부키 역간)라는 책이 있습니다. 이 책을 쓴 윌리엄 맥어스킬은 어떻게 다른 사람을 도울 것인가에 대해 다섯 가지 질문을 합니다.

첫째, 얼마나 많은 사람에게 얼마나 큰 혜택이 돌아가는가?

둘째, 이것이 가장 효율적인 방법인가?

셋째, 현지 사회에서 방치되고 있는 분야는 없는가?

넷째, 우리가 돕지 않았다면 어떻게 되겠는가?

다섯째, 성공 가능성은 어느 정도이고 성공했을 때의 효과는 어느 정도인가?

이 질문들도 의미 있는 수혜자 중심의 사역을 선정하는 데 큰 도움이 될 것 같다는 생각이 듭니다."

예진의 눈이 동그래졌다.

"오! 사역을 선정할 때 물으면 참 좋은 질문들인 것 같아요. 사역이 짧으면 수년, 길면 선교지를 떠날 때까지 하게 될 텐데 신중하게 결정해야 하잖아요."

"맞아요. 어느 선교사님은 2, 3년에 한 번씩 사역이 바뀌는 것 같은데……. 이전에 했던 사역에 대해 물으면 뭐라고 시원하게 말씀하시기보다는 얼버무리세요. 물론 사정이 있겠지만, 제게는 조금 이상하게 보였어요." 하경이 덧붙였다.

## 재정 동역자와 함께 찾기

요한이 예진과 하경의 말에 고개를 끄덕이며, 김 교수에게 물었다.

"우리가 한국 교회와 성도들과 현지의 체감 필요를 파악하는 과정을 공유하며 조언과 기도를 요청하는 것을 그분들이 과연 좋아할까요? 본인들 사역과 생활이 바빠서 귀찮아하지 않을까요?"

김 교수가 고개를 끄덕였다.

"물론 한국 교회와 성도들이 귀찮게 생각할 수 있지요. 만약 조언과 기도를 불쑥 요청하고, 자세한 설명도 없이, 이후에도 아무런 이야기가 없다면 말입니다.

제가 전에 한국 교회와 성도들을 재정 후원자가 아닌 재정 동역자로 보아야 한다는 말을 했는데, 모두 기억하죠? 선교지의 사역을 같이 찾아간다고 생각하면 어떨까요? 차분히 배경 설명도 하고 현지의 여러 통계도 제공하고 현장의 동료 선교사들과 현지인들의 의견도 첨부하고 말이죠.

사역의 규모와 필요하다고 생각되는 자원의 규모도 예상하고 말이에요. 사역이 보통 수준에서 이루어졌을 때, 이것이 가져올 열매에 대해 설명하고 이것이 하나님의 관점에서 무슨 의미가 있는지 설명한다면 어떨까요? 이 정도 수준의 사전 조사와 준비를 하려면 적어도 수개월 혹은 1년이 걸리지 않을까요?

이 과정이 한국 교회와 성도에게 신뢰를 줄 뿐 아니라 사역의 열매에 대한 기대감도 줄 겁니다. 한국 교회와 성도들은 선교지에 있지는 않지만 선교사만큼 선교 현장의 필요를 채우고 싶어 합니다.

현지인들의 체감 필요를 찾는 과정을 싫어할 교회와 성도는 많지 않습니다. 오히려 우리의 이러한 준비 과정을 귀한 헌금을 적절히 사용하기 위한 노력으로 보며 우리에 대한 신뢰가 더욱 깊어질 수 있습니다."

늘 그랬듯이 하경이 김 교수의 이야기를 정리했다.

"교수님! 선교 사역을 선택할 때 선의만으로는 충분하지 않고, 현지인의 체감 필요를 채우는 사역을 해야 한다고 말씀하신 거죠? 그리고 이렇게 할 때 한국 교회와 성도들이 선교사를 신뢰하고 재정 동역을 할 수 있다고 보시는 거고요."

"이 정도면 하경이는 거의 정리의 여왕이라고 해도 되겠어." 요한이 감탄하듯 말했다.

"정말 정리의 여왕이야! 처지를 바꾸어서 생각하면 더 이해가 되는 것 같아요. 내가 한국 교회 목회자이고 성도라면 말이야, 선교사가 사역을 시작하기 전에 충분히 조사하고 준비한 다음, 현지인의 필요를 채우는 사역을 발견해서 하고 있는데, 나를 동역자로 보고 자세히 사역을 알려 주면서 사역한다면 정말 그 선교사를 신뢰하고 사역에 더 적극적으로 참여할 것 같아." 예진이 하경을 보며 말했다.

"아, 그런데 우리가 너무 오래 있었던 것 같아. 그만 일어나야 할 것 같은데? 교수님, 바쁜데 시간을 내주시고 좋은 말씀 해주셔서 감사합니다."

요한의 말에 하경도 자신의 스마트폰 시계를 보았다.

"어머, 정말 시간이 많이 지났네요. 늦은 시간까지 이야기해 주셔서

서 감사합니다. 교수님!"

그때, 예진이 무언가 생각난 듯 급히 김 교수에게 물었다.

"아, 그런데 교수님, 혹시 다음주 목요일 오전에 시간 되시나요? 구체적으로 어떻게 모금할지에 대해 2시간 정도 특강을 부탁드리고 싶어서요. 저희도 참석하고 동료 선교사도 대여섯 명 정도 참석할 것 같습니다."

"제가 일반적으로 모금 방법만을 특강하지는 않아요. 너무 기술적으로만 보이는 것도 우려해서지만, 사역과 모금의 관계에 대해 새로운 시각을 가지지 않으면, 모금 방법을 배워도 큰 도움이 안 되거든요. 어떻게 하죠?"

김 교수가 말하자, 예진이 다시 물었다.

"그러시면 혹시 목요일 오후까지 시간을 내주실 수 있으세요? 모금에 대한 모든 것을 말씀해 주세요."

"음, 그럼 괜찮을 것 같습니다!"

김 교수가 흔쾌히 허락했다. 예진은 수첩을 꺼내어 메모를 하며 말했다.

"아마도 장소는 저희 선교회 사무실이 될 것 같습니다. 오전 9시에 시작해서 오후 5시에 마치는 것으로 참가자들에게 공지할게요. 교수님께는 다시 연락드리겠습니다. 오늘 귀한 시간과 말씀 감사드립니다."

"그럼 다음에는 모금 방법도 구체적으로 배우는 거네요? 벌써 기다려지는데요." 하경이 환히 미소를 지으며 말했다.

"세 분 모두 먼 길 오셨는데, 감사합니다. 저도 좋은 교제를 나누어서 정말 즐거웠습니다."

김 교수가 자리에서 일어서며 이들을 배웅했다.

Chapter Point!

- 선교사는 가시적 성과가 아닌 선교지의 영적 성장과 변화를 가져오는 사역이 무엇인지를 끊임없이 찾고 추구해야 한다.
- 선교사는 사역의 선한 동기뿐 아니라 좋은 열매를 맺는 것에도 관심을 가져야 한다. 이것을 위해 충분한 조사와 준비를 해야 하고, 필요한 전문 지식을 쌓아야 한다.
- 선교사는 수혜자 중심의 사역을 하는 것이 바람직하다.
- 현지인들의 관점에서 필요한 사역을 발견할 때까지 선교사는 시간을 두고 충분히 현지인과 소통하는 것이 필요하다.
- 선교사가 선교지의 참된 영적 필요를 채우려고 수고할 때, 한국 교회와 성도들은 기꺼이 재정으로 동역한다.

# 7장

## 소통은 모금의 뿌리

:
"성도들과 무엇을 소통하는 것이
가장 중요할까?"

사실 우리가 선교지에서 어려움도 겪고 고생도 많이 하지만, 하나님의 역사를 바로 코앞에서 두 눈으로 직접 목격할 수도 있지요. 보이지 않는 하나님이 역사하시는 것을 두 눈으로, 그리고 온몸으로 체험하는 것은 큰 복이고 감사한 일이지요.

그렇지요?
그런데 한국에 있는 우리 동역 교회와 동역자들은 우리처럼 하나님의 역사를 직접 목격하는 것이 쉽지 않습니다.

예진은 한국에 나와 있는 소속 선교사들을 위한 모금 세미나를 여는 것을 자신이 속한 선교회 본부에 제안했다. 선교회 본부는 이 제안을 받아들여 모금 세미나를 준비했다.

조예승, 문누가 선교사 등 12명의 선교사들이 본부 세미나실에 아침부터 모여 김바울 교수의 강의를 들었다.

오전 강의 후에 점심 식사를 하고 본부 사무실로 돌아온 12명의 선교사들은 막 내린 커피 한 잔씩을 들고 오후 강의를 듣기 위해 세미나실로 다시 들어왔다.

김바울 교수가 앞으로 나오며 말했다.

"점심은 맛있게 드셨나요?"

"예!" 모두 힘차게 대답했다.

"지금부터 한 시간 동안 한국 교회와 성도들과의 소통에 대해 여러분과 이야기를 나누면 좋겠습니다. 성도들과 무엇을 소통하는 것이 가장 중요할까요? 소통해야 할 것은 많습니다. 그중에서 가장 중요한 것을 꼽는다면, 자신의 사역을 소통하는 것입니다.

모금에 있어서 가장 중요한 것은 재정적 필요가 아니라 사역입니다. 사역을 하기 위해 선교사가 선교지에 살고 재정적 필요도 생기게 되는 것이 아닌가요? 사역을 소통하는 것은 모금의 뿌리가 될 뿐 아니라 모금의 일부가 되기도 합니다. 특별히 선교 사역을 소통할 때, 무엇을 소통해야 하고 언제 소통하는지를 같이 이야기하며 알아 가면 좋겠습니다."

## 하나님의 역사하심을 소통하라

김 교수의 말이 끝나자, 하경이 질문했다.

"교수님, 저는 적어도 두 달에 한 번 정도는 기도 편지를 보내며 소통하는데, 이것으로 충분하지 않나요?"

예진과 같은 선교 단체에 속한 조예승 선교사가 말했다.

"아주 자주 보내시네요. 저는 1년에 한두 번 정도 보내는데요."

"그렇군요. 질문하신 것은 우리가 곧 다룰 내용입니다. 우선 무엇을 한국 교회와 성도들과 소통해야 할지에 대해 이야기해 보면 어떨까요? 무엇보다도 하나님의 역사를 말해야 할 것 같습니다. 그리고 사역의 내용을 소개하고, 재정 수입 지출 내역을 투명하게 공개하는 것이 필요합니다."

김 교수가 생각을 정리하려는 듯 잠시 말을 멈추었다가 이내 입을 열었다.

"벌써 60년도 지난 일이네요. 1956년에 에콰도르에서 복음을 전하다가 원주민들에게 순교당한 짐 엘리엇(Jim Elliot)을 포함한 다섯 명의 청년 선교사에 대해 들어 보셨죠? 이들 가운데에는 항공 선교사인 네이트 세인트(Nate Saint)도 있었습니다.

이분은 「창 끝」(쿰란출판사 역간)이라는 책으로 유명한 스티브 세인트(Steve Saint)의 아버지입니다. 아들 스티브 세인트가 자라 어른이 되었을 때, 누군가가 그에게 이렇게 물었다고 합니다.

'혹시 아버지가 살아 있기를 바란 적은 없나요?' 스티브는 이렇게 대답했다고 해요. '어릴 때는 아버지 없는 것이 싫었어요. 하지만 지금은 그렇지 않습니다. 저는 아버지 덕분에 하나님의 역사하심을 VIP석에 앉아서 볼 수 있었습니다. 저는 이것을 무엇과도 바꾸고 싶지 않습니다.' 정말 감동적이지 않나요?"

예진이 말했다.

"정말 그러네요. 사실 우리가 선교지에서 어려움도 겪고 고생도 많이 하지만, 하나님의 역사를 바로 코앞에서 두 눈으로 직접 목격할 수도 있지요. 보이지 않는 하나님이 역사하시는 것을 두 눈으로, 그리고 온몸으로 체험하는 것은 큰 복이고 감사한 일이지요."

김 교수가 말했다.

"그렇지요? 그런데 한국에 있는 우리 동역 교회와 동역자들은 우리처럼 하나님의 역사를 직접 목격하는 것이 쉽지 않습니다. 물론 깨어 있고 성령 충만하다면 주변에서 일어나는 지극히 작은 일에서도 하나님의 손길을 느낄 수 있겠지요. 그렇지만 한국 사회가 많이 발달했고 넉넉해졌습니다. 아프면 병원에 가면 되고, 사회 보장 제도도 과거에 비해 적잖이 개선되었습니다. 이것은 분명 좋은 일이고 감사할 일입니다. 하지만 한편으로는 영적으로 둔감하기 쉬운 환경 속에서 한국 교회와 성도들이 살고 있다고 볼 수 있지요."

김 교수가 계속해서 말했다.

"선교사님들이 한국 교회와 성도들에게 공헌할 수 있는 방법이 있습니다. 그것은 바로 영적 최전선인 선교지에서 일어나고 있는 영적 싸움을 가능한 생생하게 전해 주는 것입니다."

예진과 같은 선교 단체 소속인 문누가 선교사가 말했다.

"그렇기는 합니다. 그런데 그게 쉽나요? 예를 들어 설명해 주실 수 있나요?"

김 교수가 잠시 생각한 뒤 말했다.

"얼마 전에 옛 제자가 중동의 어느 나라로 선교사 파송을 받아 출국했습니다. 도착하고서 이틀도 되지 않아서 잘 도착했다는 소식을 편지처럼 메신저를 통해 보내 왔습니다. 여정을 위해 기도했던 터라 반가운 소식이었습니다."

반가운 표정을 지으며 예진이 말했다.

"저도 그렇게 했었던 것 같아요. 갑자기 옛날 생각이 나네요."

"다 좋았는데, 뭐랄까, 조금은 업무 보고 같다는 인상을 받았어요. 선교지에 잘 도착했다고 소식을 전하면서, 사도행전에서 바울이 도시를 방문하고 떠나는 여러 구절 중 하나를 골라서 말해 주었다면 더 좋지 않았을까요? 생생한 경험을 말하는 데 사도행전의 한 구절을 사용하는 것이죠. 그랬다면 이 소식을 접하는 한국 교회와 성도들은 말씀을 한 차원 더 깊이 이해할 수 있을 것 같아요."

김 교수가 말을 이었다.

"무슬림 국가로 선교를 간 선교사가 여자를 함부로 생각하는 무슬림들이 있다며 걱정을 하던데, 이런 염려를 창세기 12장에서 아브라함과 사라가 애굽에 내려갔을 때 겪었던 일과 연관 지어서 설명할 수도 있을 것 같고요."

문누가 선교사가 다시 물었다.

"그렇군요. 성경 구절 말고 또 어떤 방법이 있을까요?"

김 교수 대신 예진이 답했다.

"기도를 통한 치유와 귀신을 내쫓는 일이 있었다면, 그 내용을 자세히 설명할 수 있을 것 같아요. 혹은 현지의 어느 성도의 믿음이 어떻게 성장하고 있는지를 구체적인 내용과 함께 말할 수도 있지요. 선교사님이나 현지인이 여러 가지 어려움을 믿음으로 극복한 이야기를 자세히 들려주어도 좋지요."

김 교수가 예진의 말에 웃으며 말했다.

"좋은 아이디어네요. 하나님의 역사를 말하는 것에 있어서 핵심은 여러분의 이야기를 듣고 난 뒤에 성도들이 이런 말을 할 수 있으면 됩니다.

'하나님이 살아 계셔서 역사하시는구나.' '역시 하나님은 대단하셔.' '나도 저렇게 믿음 생활을 해야 하는데.' 듣는 사람이 이런 생각을 하게 되었다면 잘하신 것입니다.

아마도 선교지의 이야기를 유사한 주제의 성경 말씀과 함께 말하는 것이 비교적 수월할 것 같습니다. 또는 동료 선교사의 경험이라고 밝히면서 그분의 이야기를 말하는 것도 좋습니다.

하나님의 역사를 말함으로써 눈에 잘 보이지 않는 영적 세계가 한국 교회와 성도들의 눈에 그려지도록 하는 것이 그 어떤 의사소통보다 중요하고 효과적입니다."

## 선교 사역을 소통하라

김 교수가 이어서 설명했다.

"두 번째로 선교 사역에 대해 이해할 수 있도록 설명하는 것입니다. 선교사에게는 선교지의 지명이나 인명이 익숙하지만 한국 교회의 성도들에게는 그렇지 않습니다. 선교지의 지명과 인명을 아무런 보충 설명이나 보조 장치 없이 한국 성도들에게 말하는 선교사님이 많습니다. 그런데 조금 설명을 덧붙이면 훨씬 좋습니다.

예를 들어서 네팔의 카트만두를 '한국의 서울 같은 도시인 카트만두'라고 말하고, 포카라를 '한국의 천안 같은 도시인 포카라'라고 말하면 어떨까요? 그리고 지도도 같이 사용하면 더 좋을 것 같고요.

그리고 선교사들은 자신이 참여하는 선교 사역들에 대해 우선 전체적으로 간단히 말하고 특정 사역을 보다 자세히 말하는 것도 필요할 것 같아요. 모든 분은 아니지만 적잖은 분들이 자신의 사역에 대해 말씀하실 때에 아주 지엽적인 내용만을 말합니다. 그러면 이 말을 듣거나 사역 보고를 받는 사람의 입장에서는 무슨 말인지 도통 모를 때가 많습니다."

"주어진 시간이 한정적이고 기도 편지도 길게 쓰면 안 될 것 같아서 그러는 것 아닌가요?"

예진이 묻자, 김 교수가 고개를 끄덕이며 대답했다.

"맞습니다. 너무 길고 장황하게 말하면 안 되겠지요. 하지만 이렇게 하면 길지 않으면서 자세한 내용이 들어 있는 기도 편지가 될 수 있어요. '제가 하는 네 가지 사역이 모두 중요하지만, 오늘은 목회자 훈련 사역에 대해서 이야기하려고 합니다.' 혹은 '고아원 사역을 통해 돌보는 청소년이 12명이 있는데, 오늘은 2명에 대해서만 말하려고 합니다.'

이렇게 하면 기도 편지를 읽는 분들이 선교 사역에 대해 큰 그림을 가진 상태에서 자세한 이야기를 들으며 선교사의 사역을 이해할 수 있습니다.

어느 선교사는 자신의 사역에 대한 주제가 너무 자주 바뀌는 듯한 인상을 주기도 합니다. 심지어 어느 분은 거의 1년마다 사역에 대한 주제가 바뀌는 것 같아요. 그래서 그분에게 작년에 말하셨던 사역은 어떻게 되었냐고 물으면, 그냥 짧게 얼버무리며 안 한다고 합니다. 이렇게 하면 효과적으로 사역에 대해 의사소통하는 것이라고 말하기 힘들어요."

조예승 선교사가 물었다.

"사역을 예상보다 짧게 그만두어야 하는 경우도 있을 수 있습니다. 하지만 이것이 반복된다면 그 선교사에게 문제가 있는 건 아닌가요? 너무 경솔하게 생각하고 결정내리는 것 같은데요?"

"그렇게 볼 수도 있을 것 같아요. 그리고 이것이 재정 모금을 하는 데 있어서 신뢰의 측면에 나쁜 영향을 줄 수도 있고요." 김 교수가 답했다.

### 재정을 투명하게 공개하라

"재정 내역을 투명하게 공개하는 것도 아까 언급하셨는데, 그것은 자세히 어떻게 하는 것이죠?" 예진이 김 교수를 보며 질문했다. 그러자 김 교수가 잠시 숨을 고른 뒤에 입을 열었다.

"한국 교회나 성도가 선교사님을 의심해서 그래야 한다는 것이 아닙니다. 선교사가 이렇게 하면, 성도들은 자신의 헌금이 적절하게 사용되고 있음을 확인하며 사역에 더 관심을 가지게 되고 재정이 얼마 더 필요한지를 깨닫게 됩니다. 간혹 재정 동역자들 중에는 자세한 재정 내역을 알기 원하지 않는 이들도 있지만 재정 내역을 자세히 알기 원하는 동역자에게는 재정 내역을 투명하게 공개하는 것이 상호 신뢰를 높일 수 있습니다. 정보가 많은 것을 불평하는 분은 별로 없지만, 부족한 것에 대해서는 불만을 가지기가 쉽습니다."

김 교수가 이어서 말했다.

"무엇보다 재정의 투명한 공개는 기부와 헌금을 받는 기관과 사람이 반드시 해야 할 기본적 활동입니다. 재정 내역을 투명하게 공개하는 것이 원칙입니다. 서양 속담 중에 '정직이 최선의 정책이다'라는 말이 있습니다. 이 속담은 오랜 세월에 걸쳐 수많은 사람의 경험을 통해 만들어진 말입니다.

흔히 필요한 만큼 충분히 재정 후원을 받는 경우가 적은 선교사님들은 선교 재정을 매우 알뜰하게 사용할 것입니다. '선교 재정 지출 내역 가운데 불필요한 것이 있는가?' '선교지에서의 주거비가 너무 비싼가?' '식료품비나 의복비의 지출이 너무 많은가?' '교통비가 불필요하게 많이 책정되었는가?' '자녀 교육비와 의료보험비가 너무 많은가?' '현지 언어를 배우는 데 돈이 너무 많이 드는가?' '초기 정착비에 불필요한 것이 들어 있는가?' 이런 것들을 점검하다 보면, 아마

'그렇다'고 대답할 항목이 별로 없을 것입니다. 사실 감출 것이 없습니다."

김 교수가 자신의 경험을 나누기 시작했다.

"제가 수년 전에 학생들과 함께 아시아의 어느 나라로 단기 봉사를 다녀온 적이 있습니다. 여러 선교사의 사역들을 탐방했는데, 한 분이 인근 주민들에게 꽃씨를 나누어 주어서 환경을 아름답게 하신다는 말을 하셨어요. 단기 봉사 활동을 마쳤을 때, 적잖은 재정이 남게 되어 우리는 이분에게 꽃씨 구매 비용으로 남은 재정을 헌금했습니다.

우리가 송금한 돈을 잘 받았다는 연락이 있은 뒤로 아무런 연락이 없어, 제 마음속에 약간의 실망감이 생겼습니다. 왜냐하면 봄쯤에는 씨앗 구매에 관해 소식을 나누어 주실 거라고 했거든요.

그런데 어느 날, 이 선교사님이 메신저로 소식을 보내왔습니다. 우리가 헌금한 돈으로 샀다며 꽃씨 포대 사진까지 첨부해서 말입니다. 그리고 몇 개월 뒤에 꽃이 핀 길가와 들판의 사진들을 또 받았습니다. 당연히 이분에 대한 신뢰도가 많이 올라갔습니다."

김 교수의 말에 예진이 덧붙여서 말했다.

"선교 재정 지출을 적절히 설명하는 것도 필요할 것 같아요. 선교 재정을 공개하는 것만으로는 충분하지 않아요. 만약 선교 재정을 투명하게 공개했는데, 재정 동역자로부터, 혹은 주변 사람으로부터 오해를 받은 적이 있다면 그것은 설명이 부족해서 그런 게 아닐까요?

흔히 한국에 있는 분들은 선교지에서 왜 그렇게 해야 하는지를 모르잖아요. 이런 환경의 차이가 오해를 불러일으킬 수 있어요. 따라서 지출 항목들에 대해 시간과 수고를 들여 한 번 설명을 준비하면, 그 뒤로는 훨씬 수월할 거예요."

예진의 말을 들은 하경이 놀라며 물었다.

"어떻게 생활비까지 낱낱이 다 보고해요?"

"아니요, 그렇게 하실 필요 없어요. 아마도 단체마다 원칙이 있을 텐데요. 선교사의 생활비로 책정된 금액은 생활비로 언급한 뒤에 총액만 말씀하시면 되죠. 당연히 식료품비로 얼마 썼고, 외식비로 얼마 썼는지 등의 내용은 말할 필요가 없습니다. 이때, 선교사는 자신이 소속된 단체가 정한 수입액과 지출액을 같이 공개하면서, 한국 교회와 성도들에게 헌금의 기회를 제공할 수 있습니다."

김 교수가 보충 설명을 해주자 예진이 손을 들고 말했다.

"그리고 우리는 재정을 투명하게 공개하는 것을 통해 조금 더 긴장하며 재정 지출을 하는 장점도 있을 것 같아요. 우리는 연약한 인간이고 언제라도 실수할 수 있잖아요. 복음에 대한 헌신과 열정이 아무리 커도 우리는 넘어질 수 있습니다. 재정 수입과 지출을 투명하게 공개하는 것을 통해 우리는 긴장하고 조심할 수 있을 것 같아요. 간혹 우리는 상식선을 넘어서는 결정을 할 수 있는데, 재정 지출을 투명하게 한다는 원칙을 실천하면, 그와 같은 실수를 범하지 않을 수 있을 것 같아요."

김 교수는 재정 투명성에 대해 말을 이었다.

"1년에 두 번 정도는 자신의 재정 상태에 대해 설명하는 것도 필요합니다. 선교사가 필요한 모금액의 몇 퍼센트를 모금했는지, 그리고 모금된 재정으로 어떻게 하나님의 일을 할 수 있었는지, 부족한 모금액 때문에 무엇을 하지 못했는지, 그리고 나서 재정 동역자들에게 감사의 마음을 표현하는 것이 좋지 않을까요?"

예진이 빙긋이 웃으며 말했다.

"목표 모금액보다 많이 받는 분들은 이런 설명을 하지 못할 것 같아요."

하경이 예진의 말에 이어서 말했다.

"목표 모금액보다 조금 많이 모금하신 분들은 괜찮은데, 목표 모금액을 훨씬 넘게 장기간 재정 후원받고 있으면서, 이것을 다른 선교사와 나누지 않는 분은 저도 조금 걱정이 되네요."

김 교수가 계속 말했다.

"선교사의 필요를 한국 교회와 성도가 어떻게 알 수 있을까요? 한국 교회와 성도는 그런 것을 알 필요 없이, 무조건 재정 요청을 하면 기부해야 할까요? 목표 모금액을 얼마나 채웠는지 선교사님이 말씀하지 않으시면, 한국 교회와 성도들은 모릅니다.

재정 내역을 포함해서 우리 사역을 투명하게 공유하면, 동역자들은 재정 지원을 늘리는 것을 보다 긍정적으로 고려할 수 있지요. 또한 재정 동역자들이 우리의 필요를 주변 사람들에게 전하고 재정 모금 참여를 권유할 수도 있고요. 여러분이 한국 교회와 성도들에게 선교 재정에 대해 마지막으로 의사소통한 것이 언제인가요?"

"글쎄요, 저는 한 번도 한 적이 없는 것 같아요. 대부분 안 하시는 것 같은데, 저만 그렇게 하는 것도 왠지 조금 이상해 보이고요." 조예승 선교사가 주변을 둘러보며 말했다.

"왠지 혼자 이상한 행동을 하는 것 같죠? 괜찮습니다. 그런데 이것은 이상한 것이 아니라 바람직한 것입니다. 처음에만 조금 그렇지, 두세 번 하고 나면 익숙해질 겁니다." 김 교수가 조 선교사를 격려하듯 말했다. 그리고 나서 설명을 이어 나갔다.

"미국 자선 단체인 욜코나 재단(Jolkona Foundation)은 기부금이 구체적으로 현장에서 누구에게 무슨 용도로 사용되었는지를 기부자가 볼 수 있도록 한다고 합니다.[1]

기부금의 액수와 상관없이, 기부자는 누구든지 이 재단의 홈페이지에 접속해서 자신의 돈이 실제로 어디에, 어떻게, 누구를 위해 사용되었는지를 확인할 수 있습니다.

특정 목적을 위해 사용했으면 당연히 기부의 목적대로 사용된 사실을 이 단체는 보여 줍니다. 만약 용도를 특정하지 않더라도, 기부자는 기부금이 어떻게 사용되었는지를 이 단체의 홈페이지를 통해 알 수 있습니다. 일반 단체도 이렇게 하는데, 하나님을 믿는 우리는 더욱 그래야 하지 않을까요?"

김 교수가 세미나 참석자의 얼굴들을 둘러보며 말했다.

"선교사는 하나님께서 우리를 통해 어떻게 역사하셨는지를 재정 동역자들과 나누려고 노력해야 합니다. 한국의 동역자들의 섬김과 참여가 하나님의 사역에 어떻게 도움이 되었는지를 선교사가 구체적으로 말해 주어야 하죠. 선교사들의 사역에 대해서도 이해할 수 있도록 세심히 배려해서 알려야 하고, 재정을 투명하게 공개하려고 노력해야 합니다. 이런 노력이 우리 사역의 중요한 부분이 되어야 합니다."

## 파송 전부터 소통하라

김 교수가 시계를 보고 말을 이었다.

"자 그럼, 이제 두 번째 내용에 대해 이야기해 볼까요?

선교사는 앞에서 언급된 세 가지 주제를 파송 전부터 한국에서, 그리고 선교지에서, 한국을 잠시 방문했을 때, 한국 교회와 성도들과 나누어야 합니다. 그리고 이것을 지속적으로, 정기적으로, 다양한 방식으로 나누어야 합니다.

우선, 파송 전부터 앞으로 할 사역에 대해 알리는 것을 생각해 볼까요? 여러분 중에 파송 전부터 앞으로의 사역을 주변 사람들에게 알리신 분 계신가요?" 김 교수가 세미나 참석자에게 물었다.

"저는 신대원 다닐 때부터 자연스럽게 선교 비전을 나눌 기회가 있었어요." 문누가 선교사가 답했다.

이어 예진이 답했다.

"저는 대학 다닐 때부터 같이 청년부 활동을 했던 사람들이 알았어요."

"저는 별로 말하지 않았던 것 같아요." 하경이 김 교수를 보며 말했다.

"기도와 재정 동역자를 충분히 구하기를 원한다면, 가급적 일찍부터 선교 비전을 적극적으로 교회와 성도들과 나누어야 합니다. 그렇지 않으면, 사람들은 우리의 비전을 알지 못합니다."

김 교수의 말에 조예승 선교사가 고개를 갸우뚱하며 질문했다.

"선교 파송까지 꽤 많은 시간이 남아 있는데 왜 선교의 비전을 나누어야 하나요? 너무 이른 것 아닌가요?"

김 교수가 답했다.

"좋은 질문입니다. 여기에는 몇 가지 이유가 있습니다.

첫째, 선교지로 출발할 시기가 임박해서 이야기를 하려다 보면, 하필 그때 잠재 동역자들이 바쁘거나 시간이 없거나 긴급한 일에 정신이 없어서, 우리의 선교 비전을 듣지 못할 수 있습니다.

둘째, 이미 다른 사역에 자신의 시간과 재정을 기부하기로 결정해서 우리 사역에 동참하지 못할 수도 있고요.

셋째, 우리의 선교 사역이 갑작스러운 소식이어서 어떻게 생각해야 할지 모를 수도 있어요.

넷째, 우리의 선교 사역이 너무 갑작스러울 경우, 우리의 선교에 대한 열정이 불필요하게 오해받을 수도 있습니다.

신약의 복음서들을 생각해 보세요. 마태복음과 누가복음은 예수님의 공생애 사역을 언급하기 전에 적잖은 분량을 할애해 예수님의 배경에 대해 언급합니다. 물론 마가복음과 요한복음에서는 이것이 비교적 짧지요. 왜 마태와 누가는 예수님의 배경을 설명하는 데 이토록 많은 분량을 사용했을까요? 당연히 마태와 누가는 이렇게 하는 것이 필요하다고 생각했기 때문입니다.

그럼 왜 필요할까요? 배경을 알려 주었을 때, 이 복음서들의 독자들이 예수님의 사역과 목적을 이해하고 믿기가 쉽기 때문입니다. 듣는 사람들을 깜짝 놀라게 하는 가르침과 귀신을 내쫓고 병든 자를 고치는 기사와 이적을 베풀었던 예수님의 사역만으로 예수님이 누구신지를 설명하는 데 충분하지 않다고 생각한 것 같습니다.

그래서 마태는 자신의 글을 예수님의 족보를 언급하는 것으로 시작합니다. 예수님의 탄생 이야기와 세례 요한, 그리고 광야의 시험 이야기를 빼놓지 않았습니다. 누가는 세례 요한의 이야기부터 시작합니다. 예수님의 탄생에 대한 이야기와 어린 시절의 이야기들도 예수님의 공생애 배경을 설명하는 데 요긴하게 사용됩니다. 예수님이 광야에서 사십 일 동안 받으셨던 시험들도 중요하게 여기고 언급합니다. 이처럼 마태와 누가가 예수님의 공생애 이전의 삶과 배경을 언급한 것은 예수님의 공생애를 이해하는 데 매우 큰 도움이 됩니다."

김 교수가 숨을 고른 뒤에 말을 이었다.

"우리의 사역도 마찬가지입니다. 마태와 누가가 예수님의 공생애를 언급하기에 앞서 그 배경을 충분히 설명했던 것처럼, 우리도 선교지에 가기 전부터 교회와 성도들에게 우리가 앞으로 하게 될 사역에 대해 나눌 필요가 있습니다. 예수님에 대한 이야기도 짧지 않은 서론이 필요했는데, 우리의 사역은 얼마나 많은 설명이 필요하겠어요!

선교지로 떠날 때가 되어서 우리가 할 선교 사역을 소개하며 기도와 재정 동역자를 구하는 것은 이미 늦은 행동일 수 있습니다. 오래 묵은 된장이 깊은 맛을 내고 묵은 김치의 맛이 좋은 것처럼, 기도와 재정의 동역자들과 관계가 오래될수록 신뢰가 크고, 보다 굳은 협력을 기대할 수 있습니다."

세미나 참석자들에게 김 교수가 물었다.

"과연 여러분은 파송 전에 선교 비전을 얼마나 많이, 그리고 얼마나 자주 교회와 성도들과 나누셨나요? 교회의 리더십과 성도들은 여러분을 생각할 때, 선교를 떠올렸나요? 한두 단어로 우리에 대해 말하라고 하면, 과연 몇 사람이 '선교', '사역', '선교사 후보생', '하나님의 일꾼'이라는 단어를 떠올렸을까요?"

하경이 미간을 찌푸리며 대답했다.

"그래서 그랬는지, 파송될 때 재정이 정말 열악했어요."

### 자연스럽게 선교 비전을 나누는 방법

지금까지 가만히 세미나를 듣고 있던 선교 후보생 김은석 전도사가 조심스레 질문했다.

"우리의 선교 비전과 헌신을 어떻게 하면 주변 성도들과 교회에 알릴 수 있나요?"

"김 전도사님의 눈이 갑자기 반짝이는데요." 문누가 선교사가 윙크를 하면서 말했다.

"여러 가지 방법이 있습니다. 자연스럽게 하는 방법도 있고, 적극적으로 하는 방법도 있습니다. 우선 자연스럽게 할 수 있는 방법들을 이야기해 볼까요?" 김 교수도 빙긋 웃으며 대답했다.

"우선, 선교사 전기를 읽으며 감동받았던 점을 주변 사람과 친교할 때에 자연스럽게 나누는 것입니다. 선교사라면 선교사 전기를 많이 읽는 것이 좋습니다.

선교사 전기를 읽으면서 감동받았던 내용을 한두 개 간단히 메모해 두었다가 교회에서, 혹은 성도들과 친교할 때 이야기해 보세요. 받은 은혜는 두 배가 될 것이고, 교회와 성도들은 자연스럽게 김 전도사님의 선교 비전을 기억할 것입니다. 이것을 매주 혹은 매달 할 필요도 없고 1년에 네다섯 번 정도면 됩니다."

김 교수가 이어서 말했다.

"요즘 단기 선교를 많이 가잖아요? 그리고 흔히 기도 카드를 나누며 기도 부탁을 하죠? 이때에도 단순히 단기 선교에 대해서만 말하는 것이 아니라 이것을 장기 선교 비전과 연결 지어 설명하면 좋을 것 같습니다.

중보 기도를 요청할 때에 장기 선교 사역과 관련지어서 어떤 결과를 기대하는지를 일목요연하게 정리해서 설명하는 것이 좋습니다. 김 전도사님이 장기 선교 비전과 단기 선교 여행을 연결 지어 말해 주지 않으면 사람들은 잘 모릅니다. 사람들은 우리가 그저 잠시 단기 선교 여행을 다녀오는 것으로 생각하기 쉬워요.

단기 선교를 다녀온 뒤에 기도와 재정 후원한 것에 대해 감사 표시를 하면서 장기 선교 계획을 언급하면 좋겠습니다. 단기 선교 여행이 장기 선교 비전에 어떤 도움을 주었는지에 대해 언급하면 효과적입니다."

김 전도사의 얼굴이 발갛게 달아올랐다.

"꼭 제 이름을 언급하면서 말씀하지 않으셔도 돼요."

김 교수가 계속 말했다.

"셋째로 기도회나 교회 부서에서 기도 모임을 가질 때, 선교 비전을 나누며 중보 기도를 요청하는 것도 좋은 방법입니다. 교회에서 이런 기도 제목을 나누는 것이 자연스럽지 않다면, 그게 더 이상한 것입니다. 담임 목사와 담당 교역자, 그리고 선교위원회 장로와 집사들에게 우리가 받은 선교 소명을 일리는 것도 꼭 필요합니다."

조예승 선교사가 말했다.

"이런 것이 진정한 의미의 성도 교제가 아닌가 싶은데요? 왠지 낯설거나 인위적인 것으로 느껴지는 것이 문제인 것 같지만요. 주일날 교회에서 성도들과 대화할 때 부동산이나 여행, 취미와 관련된 이야기가 아니라 하나님과 성경, 신앙 위인의 삶에 대해 이야기하는 것이 적절한 주제 아닌가요?

물론, 선교만이 모든 대화의 주제이어야 한다는 말은 아니지만 선교사 후보생이 교회와 성도들에게 선교에 대해 말하지 않는 것이 더 이상할 것 같아요."

### 적극적으로 선교 비전을 나누는 방법

김 교수가 말했다.

"조 선교사님이 좋은 말씀을 하셨습니다. 앞에서 말한 것들보다 더 적극적인 방법들도 있습니다. 우선 선교 기도 모임을 만드는 것입니다. 가령, 네팔 선교에 관심이 있다면 네팔에서 사역하는 선교사들의 기도 편지를 가지고 네팔 기도 후원 모임을 매달 한 번, 혹은 두 달에 한 번 정도 준비해서 인도하는 것입니다.

거창하게 할 필요는 없지만, 세심하게 준비할 필요는 있습니다. 가급적 많은 사람을 초대해야 하지만 적은 숫자로 시작하게 되더라도 실망하지 마세요.

이것의 목적은 기도 후원과 함께 네팔에 선교사가 필요한 것을 간접적으로 알리는 것입니다. 선교 기도 모임을 만들어서 주변 사람들을 초대하면 사람들은 여러분을 선교에 관심이 많은 사람으로 조금씩 인식하게 될 것입니다. 그리고 처음부터 자신은 선교사 비전을 가지고 있다고 밝히는 것도 좋습니다.

두 번째로, 소셜미디어나 온라인을 활용해서 장래 선교 사역지나 사역에 대한 정보를 수집하고 공개하는 방법도 있습니다. SNS나 개인 블로그를 통해 일상의 삶 나눔과 함께 운영해도 좋고 별개로 운영해도 괜찮습니다.

선교지의 흥미로운 내용과 문화와 역사를 소개해도 좋고요. 선교지의 지리나 현지의 사진들을 찾아 소개해도 좋습니다. 그리고 이따금씩 간단히 선교 비전을 소개하면, 주변 사람들은 천천히 여러분의 선교 사역에 대해 기억할 것입니다. 그리고 여러분이 선교를 진지하게 준비하고 있다고 긍정적으로 볼 것입니다.

세 번째로, 여러분이 조금 더 적극적이고 계획적인 사람이라면, 1년에 두 번 정도 선교 편지를 만들어 공유하며 선교 사역을 위해 꾸준히 준비하고 있는 모습을 보여 주면 효과적입니다.

현재 선교 사역을 하고 있지 않은데, 무슨 내용을 담을 수 있을까 의아해할 수 있습니다. 잠정적으로 어느 시기에 선교지로 가길 원하고, 그것을 위해서 현재 무엇을 하고 있는지 선교 편지에 편하게 공유하면 됩니다.

장래 선교 지역의 선교 역사를 짧고 쉽게 설명하고, 유명한 선교사의 에피소드나 사역에 대해 소개해도 좋습니다. 그리고 현재 여러분의 생활과 학업, 일에 대한 이야기를 공유해도 좋습니다.

파송을 오래전에 받으신 선교사님, 어떻게 생각하세요?"

김 교수가 하경을 보며 묻자, 하경이 잠시 멈칫하며 대답힌다.

"사실 제가 몇 개월 뒤에 선교지에 간다고 했을 때, 놀란 분이 적 많이 계셨어요. 그런데 이렇게 파송되기 오래전부터 선교 비전을 주변 사람들과 공유하고 교회와 나누는 것이 좋을 것 같네요. 당장 재정 동역자를 구하지 않더라도 말이죠.

교회 성도들과 주변 사람들이 이런 사람을 선교사 후보생으로 인식할 거예요. 이렇게 하면 선교지로 떠난다는 말이 교회와 성도들에게 갑작스러운 소식이 아니라 예상했던 바가 될 것 같아요. 미리부터 선교 비전을 나누면 기도와 재정 동역자를 발굴해서 함께 준비할 수 있고 오랫동안 사역을 공유할 수 있을 것도 같고요."

## 선교지에서도 소통하라

김 교수가 하경을 보며 말했다.

"이하경 선교님이 정말 잘 말씀해 주셨어요. 그럼 이제 선교지에서 재정 동역자들과 사역을 공유하는 것에 대해 이야기해 볼까요?

선교사가 선교지에서 사역하느라 바쁜 것을 충분히 압니다. 하지만 자신의 사역을 한국 교회와 성도들에게 알려서 하나님의 선교가 끊이지 않도록 돕는 청지기의 역할을 하는 것도 사역입니다.

놀랍게도 선교사들 가운데 자신의 사역을 한국 교회와 성도들에게 알리지 않는 사람이 의외로 많습니다. 다소 오래된 것이기는 하지만, 전재옥 교수님의 조사에 따르면,[2] 조사 응답자의 53.5퍼센트만이 매월 혹은 격월로 선교 보고를 했다고 합니다. 절반에 조금 못 미치는 이들이 최소한 두 달에 한 번씩이라도 선교 보고 혹은 소식을 전하고 있지 않다는 말입니다.

안 보면 멀어진다는 말이 있고, 먼 친척보다 가까운 이웃이 낫다는 말이 있습니다. 선교사들이 곁에 있는 것도 아닌데, 선교사들의 소식조차 접할 수 없다면, 한국 교회와 성도들에게 선교사를 기억하며 기도하고 후원하는 것은 매우 힘든 일이 될 수 있습니다."

하경이 김 교수의 말을 이었다.

"저도 그런 생각을 조금 했는데, 선교사는 선교지 사역에만 전념하는 것이라고 생각하는 이들이 있잖아요. 선교 사역에 필요한 자원들을 확보하는 일은 한국 교회의 몫이라고 생각하면서요. 흔히 이런 분들은 자신이 하고 있는 하나님의 일을 한국 교회가 안정적으로, 그리고 충분히 재정 후원을 하면 참 좋겠다고 생각하지요."

김 교수가 전체 참석자들을 보며 말했다.

"교통과 통신이 요즘보다 훨씬 좋지 않던 시절에 선교사로 오래 사역하시고 지금은 하늘나라에 계신 전재옥 교수님이 이렇게 말씀하셨어요. '선교사는 본국 선교부로부터 무조건 섬김을 받아야 한다는 착각에서 벗어나, 선교부의 구성원들, 선교부가 선교사의 후원을 위하여 연락하고 있는 성도들에게 목회적 사명을 감당할 수 있어야 할 것이다.'[3] 여러분, 어떻게 생각하세요?"

### 소통하는 시간을 따로 정하기

김 교수가 잠시 쉬고 말을 이었다.

"사실 선교사들은 타문화권 사역지에서 고군분투하고 있습니다. 언어와 문화의 이중고 속에서 노심초사하며 사역하고 있죠. 설상가상으로 재정 후원이 불투명하거나 안정적이지 않아서 마음을 졸이

기도 쉽습니다.

비유적으로 말한다면, 선교사는 발목에 모래주머니를 묶어 놓고 운동장을 뛰고 있는 선수와도 같습니다. 훈련 차원에서 발목에 모래주머니를 묶고 운동장을 뛸 수도 있지만, 실제 경기에서 그렇게 한다면 얼마나 힘들까요? 그렇지만 자신의 일은 선교지에서의 사역만이라고 하는 생각은 바람직하지 못합니다."

하경이 김 교수를 보며 말했다.

"맞아요. 동역하는 한국 교회와 성도들에게 우리가 하는 사역을 나누는 일은 시간과 노력이 필요한 것 같아요. 바쁜 사역을 쫓아다니다 보면 이 일을 차일피일 미루기 쉽잖아요? 마음만으로는 충분하지 않다는 것을 새삼 깨달았어요. 최근에 스티븐 코비의 「성공하는 사람들의 7가지 습관」(김영사 역간)을 다시 읽었는데, 급한 일을 먼저 하지 말고, 중요한 일을 먼저 하라고 한 말이 새롭게 보였어요."

예진이 하경의 말에 덧붙였다.

"우리의 선교 사역에 대한 정보를 한국 교회와 성도들과 함께 공유하는 것은 중요한 일이잖아요? 눈에 보이는 급한 일을 해결하느라 분주하다 보면 중요한 일을 하지 못할 수 있는데, 이렇게 해서는 안 될 것 같아요."

김 교수가 고개를 끄덕이며 말했다.

"한국 교회와 성도들에게 우리의 사역을 알리는 일을 정기적으로 하는 것이 필요합니다. 일주일 중 하루의 반나절을 한국 교회와 의사소통하는 시간으로 정하면 어떨까요?

예를 들면, 매주 화요일 오전 혹은 매주 목요일 오후를 '한국 교회 사역'으로 주간 스케줄에 포함시키는 것입니다. 시간이 나면 하는 것이 아니라, 이 시간에는 다른 약속을 정하지 않고, 만약 불가피하게 다른 것을 해야 하면 이것을 위한 대체 시간을 마련하여 철저하게 하는 것입니다."

조예승 선교사가 물었다.

"좋은 아이디어인 것 같은데, 너무 과도하게 하는 것은 아닐까요? 혹시 선교 사역은 안 하고 한국만 넘본다는 말이나 재정 사역만 한다고 하지 않을까요?"

김 교수가 대답했다.

"걱정하시는 것이 충분히 이해됩니다. 엄밀히 말하면 주 5일을 오전과 오후로 나누어 10개의 시간 단위 중에 1개를 한국 교회와 의사소통하는 것입니다. 이건 그리 지나치다고 보이지 않습니다. 설사 원치 않은 오해를 받더라도, 이런 오해는 곧 풀리기 마련입니다.

한국 교회와 의사소통을 충분히 하지 않는 풍토가 잘못되고 고쳐야 할 것이지, 충분히 하는 것이 잘못된 것은 아닙니다. 그리고 이렇게 하다 보면 재정 모금이 수월해지고 사역이 안정적으로 될 것입니다."

### '한국 교회 사역 시간'에 해야 할 일

고개를 끄덕이는 참석자들을 보며 김 교수는 말을 이었다.

"제가 이름 붙인 '한국 교회 사역 시간'에는 무엇을 하면 좋을까요? 창의적으로 할 것이 많겠지만, 다섯 가지를 소개해 볼게요.

첫째, 한국의 동역자들을 위해 기도하는 것입니다. 동역자들의 영적 성장과 육신의 필요를 위해 기도하시고, 여러분의 사역을 잘 이해하고 기억할 수 있는 지혜를 위해 기도하면 어떨까요? 특별히 동역자들의 이름과 필요를 구체적으로 기도하면 좋겠습니다.

둘째, 한국의 동역자들을 사역지로 초청하는 것을 준비하세요. 선교지 초청은 선교사들이 많이 하시는 것 같습니다. '백문이 불여일견'이라는 말이 있죠? 한국의 동역자들이 선교지를 방문하면, 선교사의 생활과 사역을 볼 뿐 아니라 우리가 사는 곳들을 돌아가서도 기억할 것입니다. 짧은 시간이나마 선교지를 체험했기 때문에 선교사의 기도 편지, 인터넷의 글, 그리고 선교 보고를 잘 이해하게 될 것입니다. 그러면 동역자들은 여러분과의 동역을 정말 소중하게 생각할 것입니다."

"맞아요. 선교지를 방문했던 목회자나 성도들이 재정 후원자가 되는 경우가 종종 있습니다." 문누가 선교사가 동의했다.

"셋째, 한국의 동역 교회와 성도들에게 정기적으로 서신을 보내는 것입니다. 매달 서신을 보내는 것이 너무 잦은 것 같다면, 적어도 두세 달에 한 번 정도는 보내야 합니다. 선교지 소식을 6개월에 한 번, 아니 1년에 한 번도 안 쓰시는 분들도 있는 것 같은데, 이것은 정말 바람직하지 않습니다.

'우리 교회가 후원하는 선교사님 중에 사역 편지를 안 보내 주시는 분이 있어요. 저는 이해하지만, 장로님이나 집사님이 이분에 대해 물어볼 때는 좀 난감합니다.' 여러 명의 목회자가 제게 이런 말을 했습니다. 정기적인 서신 발송은 동역자를 발굴하고 유지하는 데 가장 기본적 활동 중 하나입니다.

넷째, 한국의 동역 교회와 성도들과 대화하세요. 아시다시피 카톡이나 페이스북 메신저 등으로 무료로 국제 전화를 걸 수 있잖아요? 음성 통화 뿐 아니라 영상 통화도 가능합니다. 서로 멀리 떨어져 있고 시차가 있기는 하지만, 선교지의 우리와 한국의 동역자가 대화할 수 있는 환경은 충분히 마련되어 있습니다. 동역 교회와 동역자들의 생일이나 주요 기념일 같은 때에 짧은 통화를 통해 축하해 드리면 좋습니다.

한국 교회가 보내 주는 성탄절 선물 같은 것을 받으면, 좋으시죠? 선교사님들이 연락해서 축하한다고 하면 한국에 있는 분들도 반갑고 기분 좋습니다. 2-3분 정도의 안부 전화는 나쁘지 않습니다. 다만 안부 전화는 안부 전화로 끝나야 한다는 것을 기억하세요.

평소에 이렇게 소통하면, 긴급할 때에 연락하기가 좋습니다. 하지만 평소에 아무런 연락이 없다가 긴급한 일이 생겨 전화를 하면 혹시 오해받을까 봐, 선교지에서 혼자 끙끙대며 문제를 해결한 적은 없었나요?"

김 교수가 선교사들을 바라보며 잠시 말을 멈추었다. 그리고 다시 말을 이었다.

"다섯째, 홈페이지나 블로그를 만들어서 운영하면 좋습니다. 선교 사역을 처음 시작할 때부터 블로그를 개설해서 운영하는 분들이 있습니다. 이분들의 블로그를 방문해서 그동안의 사역 편지를 읽고 사진들을 보다 보면 어느새 이들의 사역이 친근하게 느껴집니다. 사역 편지들과 이메일로 보냈던 스토리, 사역 현장을 담은 사진들로 단출하게 구성해도 충분합니다.

처음 시작할 때에는 초라해 보일지 몰라도 여러 해 쌓이다 보면 다르게 보일 것입니다. 재정 동역자들이 선교사님의 사역을 이해하는 데 크게 도움도 되고요. 물론 보안이 필요한 지역의 선교사님들은 본인의 이름과 사역지 이름, 현지인 이름들을 사용할 때 가명을 사용해야 하는 것을 신경 써야겠지요. 사진을 사용하는 것도 조심하고요."

"이렇게 하다 보면, 3-4시간이 금방 갈 것 같은데요? 매주 이러다 보면 한국에 있는 동역자들과 접촉하는 시간이 늘어서 좋을 것 같아요." 하경이 웃으면서 말했다. 그러자 조예승 선교사가 거들었다.

"이렇게 하면 한국에 나와서 후원 교회들을 방문할 때 조금 더 친근할 것 같아요."

"말씀을 들으면서 제가 선교지에서 한국 교회에 관심을 가지고 시간을 투자하는 것을 충분히 하지 않았다는 생각이 들었습니다. 진지하게 생각해 봐야겠습니다. 그런데 솔직히 일이 더 늘어나는 것 같긴 하네요." 문누가 선교사가 진지한 표정을 지으며 말했다.

## 한국 방문 중에 소통하라

김 교수는 다시 설명을 이어 나갔다.

"선교사가 한국을 방문했을 때에도 사역을 알리는 활동을 해야 합니다. 선교지에 가기 전에도 알리는 일을 했고, 선교지에서도 사역에 대한 정보를 공유하는 일을 했으니, 한국 방문 중에 사역에 대한 이야기를 나누는 것은 당연하지 않을까요?

교통수단이 발달하고 교통비가 많이 저렴해져서 한국을 방문하는 것이 예전보다 많이 수월해졌습니다. 한국에서 안식년을 지낼 경우에도 사역을 알리는 활동을 계속해야 합니다.

여러 가지 이유로 짧은 기간에 한국을 방문하더라도, 바쁘시겠지만 동역 교회와 동역자들을 꼭 만나려고 노력해야 합니다. 파송 교회나 후원 교회가 선교사의 방문을 부담스러워 한다는 말을 여러 선교사에게서 들었는데, 참 안타까운 일입니다.

초대받을 때까지 기다리지 마시고, 먼저 연락해서 목회자와 선교 담당 장로님과 커피를 마시며 대화하시기 바랍니다. 사역 보고를 할 수 있겠지만, 그런 기회가 없더라도 실망하지 마세요. 그리고 개인 재정 동역자들에게도 한국 방문을 알리는 것이 좋습니다.

선교사님들은 한국의 동역 교회와 동역자들을 만나서 하나님께서 그동안 선교지에서 하신 일을 나누며 하나님을 찬양하시기 바랍니다. 그리고 동역자들의 섬김이 어떻게 사역을 도왔는지 알려 주면 더 좋습니다."

예진이 질문했다.

"한국 방문의 원래 목적도 있고 시간도 짧아서 동역자들을 모두 못 만나면 어떻게 하죠?"

김 교수가 고개를 끄덕이며 말했다.

"네, 짧은 시간 내에 동역 교회와 동역자를 모두 만나는 것은 불가능할 겁니다. 그렇다고 시도 자체를 안 하면 동역자들이 선교사의 방문을 뒤늦게 알게 되어 섭섭해할 수 있습니다. 그러니 사전에 어떤 용건이 있어서 잠시 한국에 방문한다고 알리는 것이 좋습니다. 안식년으로 한국에서 생활할 때에도 선교사는 동역자와 의사소통을 해야 합니다."

김 교수의 말에 하경이 말했다.

"교수님, 선교사가 안식년이라고 해서 안식할 수 있는 것이 아닌 것 아시잖아요?"

"물론 선교사가 안식년에 푹 쉬지 못한다는 것을 압니다. 자녀들의 학업, 재정 후원 확충, 선교사 재교육, 건강 검진 등 한국에 들어와도 할 일이 쌓여 있잖아요? 게다가 한국 사회는 무척 바쁘죠. 그래서 계획을 현실성 있고 구체적으로 세우는 것이 필요합니다."

김 교수가 이어서 말했다.

"파송 교회와 후원 교회에 방문해서 선교 보고하는 것 외에 기도회를 주관할 수 있습니다. 교회에서 혹은 선교회 사무실에서 재정 동역자들과 함께 한두 시간 기도회를 가지는 것을 제안합니다.

물론 한국 생활이 바빠서 많은 참석자가 모이지 못할 수도 있으니 참석 인원에 시험 들지는 마시고요. 이 기도회의 목적은 동역자들에게 사역 참여의 기회를 가급적 많이 제공하는 것입니다. 그리고 기도회를 마치는 시간을 정확히 지켜서 동역자들이 불편하지 않도록 하고, 원하는 사람들은 남아서 더 교제할 수 있도록 하면 효과적입니다."

예진이 시계를 보며 말했다.

"교수님, 잠시 쉬면 안 될까요?"

김 교수도 시계를 보며 말했다.

"예, 2분 남았군요. 이번 시간에는 소통이 모금의 뿌리이자, 모금의 일부라는 내용을 이야기했습니다. 소통의 내용과 소통을 언제 할 것인지에 대해 함께 생각해 보았고요. 우리의 사역을 나누고 설명하려는 노력에 비해 반응이 없어도 실망하지 마세요.

반응이 없는 것이 아니라 단지 그렇게 보이는 것일 뿐입니다. 선교 사역의 희로애락을 공유하려는 선교사의 노력을 대부분의 동역자는 마음속으로 고마워하고, 선교사를 이전보다 훨씬 가깝게 느낍니다.

그럼 10분 정도 쉬도록 하지요. 혹시 질문 있으신 분은 쉴 때 제게 질문하세요. 그리고 다음 시간에는 구체적으로 어떻게 모금하는지에 대해 살펴보겠습니다."

Chapter Point!

- 모금은 재정 동역자를 구하는 것이고, 재정 동역자는 선교사가 자신의 사역을 소통할 때 얻어진다.
- 선교사는 하나님의 역사하심을 한국 교회와 성도들과 소통해야 한다.
- 선교사는 자신의 사역을 선교지를 잘 모르는 사람이 이해하기 쉽도록 설명하는 것이 필요하다.
- 선교사는 재정 사용이 투명하게 이루어지고 있음을 보여 주어야 한다.
- 선교사는 선교지에 가기 전부터 선교 비전에 대해 소통해야 한다.
- 선교사는 선교지에서도 시간을 따로 정해 정기적으로 재정 동역자들과 소통해야 한다.
- 선교사는 한국을 방문할 때에도 자신이 동역자들을 만나서 소통하도록 노력해야 한다.

8장

# 재정 동역자를 찾는
# 세 가지 활동

:
"어떻게 많은 사람과
하나님의 사역을 함께할 수 있을까?"

참 당연한 말이긴 한데요. 후원을 요청하는 것이 쉽지 않잖아요. 선교 재정 후원을 요청했지만, 제 개인적인 경험으로는 거절하는 사람도 많았고요.

선교 사역을 위해 재정 후원을 요청하는 것이 민망할 수 있어요. 요청을 받는 사람도 민망할 수 있고요.

맞습니다. 요청했다고 해서 모든 사람이 재정 동역자가 되지는 않습니다. 재정 동역을 제안하고 난 뒤에 관계가 서먹해질 수도 있고요.

휴식을 마친 세미나 참석자들이 제자리로 돌아와 앉았다. 피곤한 오후 시간이었지만, 모금 활동을 구체적으로 배울 수 있다는 생각에 모두의 눈은 반짝였다.

모두 자리에 앉자, 김 교수는 전체 참석자를 둘러보며 한 가지 질문을 던졌다.

"아직도 많은 교회와 성도들이 선교 사역에 동참하지 않는 이유가 무엇일까요?

목회자의 서재에는 기본적으로 선교 관련 책이 몇 권씩 있고, 성도들도 선교 관련된 설교를 매년 몇 번씩은 들을 겁니다. 요즘은 단기 선교를 다녀온 목회자와 성도도 많고요.

그런데 왜 교회와 성도가 여러분과 동역하지 않을까요? 마치 홍수에 물이 귀한 것처럼, 교회와 성도는 많은데 재정으로 선교에 참여하는 사람은 적은 것처럼 보입니다."

조예승 선교사가 대답했다.

"선교에 대해 듣기는 했지만, 관심이 없어서 그런 것 아닐까요?"

예진도 한마디 보탰다.

"마음은 있는데, 돈이 없어서 그럴 수도 있고요."

예진 옆에 있던 한 선교사도 말했다.

"교회는 예배당 건축을 하면서 진 빚이 많아서 그럴 수도 있을 것 같아요. 건축 비용이 많이 들잖아요. 그리고 성도는 주택 융자금이나 사교육비에 지출이 많아서 그럴 수도 있고요."

문누가 선교사가 김 교수를 보며 조심스레 입을 열었다.

"선교 헌금을 조금 하면, 괜히 부끄러워서 그런 것 아닐까요?"

김 교수가 미소를 지으며 말했다.

"감사합니다. 여러분이 말씀하신 것처럼, 선교에 재정적으로 동참하지 않는 이유는 아주 다양합니다.

이런 이유는 어떤가요? 같이 선교하자는 요청을 받지 않아서 재정 동역을 하지 않는 겁니다."

### 요청하지 않기 때문에

김 교수가 잠시 모두를 둘러보고 말을 이었다.

"선교 분야는 물론이고 모든 분야의 모금 전문가가 이구동성으로 하는 말이 있습니다.

'People don't give, because they are not asked.'

우리말로 하면, '사람들이 기부하지 않는 이유는 기부 요청을 받지 않았기 때문'이라는 겁니다."

예진이 손을 들며 말했다.

"참 당연한 말이긴 한데요. 후원을 요청하는 것이 쉽지 않잖아요. 선교 재정 후원을 요청했지만, 제 개인적인 경험으로는 거절하는 사람도 많았고요."

하경이 말했다.

"선교 사역을 위해 재정 후원을 요청하는 것이 민망할 수 있어요. 요청을 받는 사람도 민망할 수 있고요."

"맞습니다. 요청했다고 해서 모든 사람이 재정 동역자가 되지는 않습니다. 재정 동역을 제안하고 난 뒤에 관계가 서먹해질 수도 있고요. 그럼에도 불구하고, 요청하지 않으면 재정 동역자를 찾을 수 없다는 말에 수긍이 갑니까?

왜 우리가 하고 있는 하나님의 사역을 함께하려는 사람이 적을까요? 우리가 참여하고 있는 하나님의 사역을 함께하자고 많은 사람을 초청하지 않았기 때문이 아닐까요?"

김 교수의 말에 참석자들은 말없이 서로의 얼굴을 보며 고개를 조금 끄덕였다.

김 교수가 설명하기 시작했다.

"앞으로 한 시간 동안 구체적으로 재정 동역을 어떻게 요청할지에 대해 함께 살펴보도록 하겠습니다. 이미 이런 활동을 하고 있는 분들은 좋은 의견을 많이 주시고, 새롭게 배우시는 분들은 질문을 많이 하시면 좋겠습니다.

재정 동역자를 찾는 활동을 크게 세 가지로 구분할 수 있습니다. '기도하기', '계획하기', '요청하기'입니다."

## 가장 먼저 해야 할 일, 기도!

"재정 동역 요청을 하기에 앞서 가장 먼저 해야 할 일은 하나님께 기도하는 것입니다. 왜 기도를 가장 먼저 해야 할까요?" 김 교수가 물었다.

"성도라면 무엇을 하든지 간에 기도를 가장 먼저 하는 것이 당연한 것 같아요."

하경이 대답하자, 예진도 이어서 말했다.

"모금도 영적인 활동이기 때문에 그런 게 아닐까요? 하나님이 하시는 일을 위해 재정을 모으는 것이잖아요. 이것이 영적인 일이라고 한다면, 기도하는 것은 당연한 것 같아요."

문누가 선교사가 예진의 말에 자신의 생각을 더했다.

"모금을 영적인 일이라고까지 생각하지는 못했던 것 같아요. 영적인 일을 위한 활동이라는 정도까지는 생각해 본 것 같은데……."

김 교수가 예진을 보며 말했다.

"모금이 영적인 활동이라고 말씀하셨는데, 이미 여러 사람이 그렇게 말했습니다. 헨리 나우웬이 모금의 영적인 면에 대해 이렇게 말했습니다. '모금은 하나님의 나라가 임하는 것을 돕는 매우 확고한 방법이다.'[1] 선교 재정 모금 훈련가인 샤드락은 '후원 모금은 영적 과제이다'[2]라고 말했습니다. 말씀하신 것처럼, 영적인 활동을 하기에 앞서서 기도로 준비하는 것은 당연한 것이 아닐까 싶습니다."

조예승 선교사가 물었다.

"그러면 기한을 정하고 기도하는 것이 좋을까요?"

"아무래도 그렇게 하는 것이 좋을 것 같습니다. 만약 선교지에 갈 때까지 아직 많은 시간이 남아 있다면, 일상에서 다른 기도 제목들과 함께 기도하면 좋아요.

수개월 내에 선교 훈련을 받고 선교지에 나갈 계획이라면 일정 기간을 정해서 기도하는 것을 권합니다. 예를 들어, 현재 3월인데 7월부터 선교 훈련을 받을 계획이 있거나 9월에 선교지에 간다고 하면 빨리 기도로 준비하는 시간을 가지는 것이 좋겠습니다.

기간 자체는 그리 중요하지 않습니다. 약 2주에서 4주 정도면 적절할 것 같습니다. 이 기간 동안에는 다른 기도들도 물론 하지만 재정 동역자를 구하는 것을 주된 기도 제목으로 삼는 것이 좋습니다."

김 교수의 말을 듣고 하경이 말했다.

"예전에 후원 요청을 했는데, 결과가 좋지 않았을 때 기도를 덜 했나 하는 생각이 들었어요."

김 교수가 고개를 끄덕이며 말했다.

"행동하기 전에 기도하는 것이 필요합니다. 다들 아시는 것이지만, 기도의 양이 채워져야 하나님께서 응답하시는 것은 아니죠. 기도를 통해 하나님의 마음을 이해하고 하나님과 같은 마음을 품는 것이 중요합니다."

예진이 물었다.

"기도가 하나님과의 대화라는 관점에서 말씀하시는 것인가요?"

문누가 선교사가 말을 덧붙였다.

"대화를 하다 보면 상대의 마음을 알 수 있듯이, 하나님께 기도드리면서 재정 동역에 대한 하나님의 마음을 이해한다는 말씀이죠?"

김 교수가 답했다.

"예, 맞습니다. 하나님께서 당신의 사역을 위해 우리를 부르신 것처럼, 다른 성도들도 부르지 않으시겠어요? 하나님께서 우리를 동역자로 부르셨듯이 교회와 성도들을 동역자로 부르십니다.

하나님의 일에 동참하는 것이 우리의 선교 사역인데, 다른 이들도 하나님의 일에 동참합니다. 하나님의 관점에서 한국 교회와 성도들을 바라보는 것이 중요해요. 이것은 기도를 통해 가능하죠."

예진이 질문했다.

"보다 구체적으로 무엇을 위해 기도하면 좋을까요?"

"예, 저도 그게 궁금하네요." 옆에 있던 하경이 말했다.

"잘 아실 것이라 생각합니다. 그래도 몇 가지를 말씀드릴게요. 크게 세 가지 기도 제목을 생각할 수 있습니다.

우선, 하나님의 지혜와 능력을 구해야 하지 않을까요? 재정 동역 요청을 할 때, 과연 무슨 말을 할지 몰라 당황스럽지 않았나요? 하나님의 지혜가 필요합니다. 하나님의 능력을 덧입었다는 확신은 재정 동역자를 구할 때에 큰 도움이 될 것입니다.

하나님의 인도하심을 위해서도 기도해야 합니다. 처음 재정 동역자를 구할 때를 생각해 보세요. 좀 막연하지 않으셨나요? 형제자매와 가까운 친척들, 출석하는 교회 성도까지 꼽은 다음에는 더는 재정 동역을 제안할 사람이 떠오르지 않았을 겁니다. 그렇죠?

두 번째로 우리의 연약함을 하나님께 내어 놓는 기도를 하시는 것도 좋습니다. 고린도전서 1장 27절은 하나님께서 세상의 약한 것들을 택하셔서 강한 것들을 부끄럽게 하려고 하신다고 말씀하십니다. 하나님께 우리가 약하다고 고백하는 것이 필요합니다. 우리는 약해서 할 수 없는 일이라는 것을 인식하고 고백하면, 재정 동역자를 구하는 것이 우리의 일이 아니라 하나님의 일인 것을 인정할 것입니다.

재정 기부를 요청하는 것은 긴장이 되고 거절의 두려움도 느낄 수 있습니다. 이러한 우리 마음을 하나님께 그대로 말씀드리는 것이 필요합니다. 믿음이 작아서 이런 마음이 생기는 것이 아닙니다. 해본 적이 없는 것을 하려고 할 때, 누구나 긴장하기 마련이고 두려움을 느끼기 마련입니다.

세 번째로, 재정 동역을 제안할 사람들의 명단을 위해 기도하면 좋겠습니다. 하나님께서 부르신 동역자가 누구인지 하나님께 묻는 것이 당연하지 않을까요?

기도하면서 재정 동역을 요청할 사람들의 명단을 만들어 가면, 말 그대로 기도하면서 준비하는 것이 될 것입니다. 재정 동역자들이 하나님의 인도하심에 민감하도록, 사업장에서나 직장에서 기독교인으로서 빛과 소금의 역할을 잘 감당하도록, 그분들이 여러분의 사역에 관심을 가지도록 기도하면 어떨까요?"

## 두 번째로 해야 할 일, 계획하기

김 교수가 물을 한 모금 마신 뒤에 말했다.

"집중적으로 기도하고 난 뒤, 해야 할 일은 계획하기입니다. 기도 중에 명단을 작성하기 시작했으면, 재정 동역을 요청할 사람들의 명단을 완성해야 합니다. 그런 뒤에 누구부터 언제 만날지를 계획해야 합니다. 물론 자신의 선교 사역을 어떻게 소개할지도 정리해야 합니다."

예진이 물었다.

"재정 요청할 사람들의 명단을 어떻게 완성하나요?"

"간단히 말하면, 최대한 많이 컴퓨터나 종이에 목록을 작성하고 다른 사람의 도움을 받는 것이 좋은 방법입니다."

김 교수는 호흡을 가다듬고 다시 말했다.

"최대한 많은 이름을 적어야 합니다. 이것은 샤드락[3]도 강조하는 것입니다. 흔히들 처음 이름을 적으라고 하면 열 명 안팎의 이름을 적습니다. 조금 더 적극적인 사람들은 스무 명 정도의 이름을 적습니다.

이것저것을 고려해서 어떤 사람은 포함시키고 어떤 사람은 누락시킨 거죠. 여러분의 생각으로 재정 동역자가 될지 여부를 따지기 쉬운데, 그렇게 하면 안 됩니다. 재정 동역자의 가능성 판단은 유보하고 목록을 작성해야 합니다. 왜냐하면 하나님이 어떻게 재정 동역자를 준비하셨는지를 여러분은 다 알 수 없기 때문입니다. 친분이 있다고 재정 동역자가 되는 것은 아닙니다. 이렇게 생각했다가는 크게 실망하기 쉽습니다."

조예승 선교사가 고개를 끄덕이며 말했다.

"맞습니다. 아주 친하다고 생각한 친구 중에 아직도 후원하지 않는 친구가 있습니다. 반면에, 겨우 안면 정도 있는 분이 거의 초기부터 지금까지 선교 사역을 신실하게 후원하고 있으시고요. 제가 교수님 말씀의 증인입니다."

김 교수가 말을 이었다.

"조 선교사님, 경험을 말씀해 주셔서 감사합니다. 지금은 계획 단계입니다. 아직 요청하는 단계가 아니죠. 혼자만의 생각으로 '이 사람은 후원할 거야, 저 사람은 안 할 거야' 하는 생각을 하지 않는 것이 좋습니다. 이렇게 선교사 본인이 재정 동역을 제안할 사람들의 명단을 일단 작성하는 것입니다."

### 어떤 사람들을 재정 동역자로 세울까

김 교수의 말이 끝나자, 하경이 물었다.

"교수님, 어떤 사람들을 재정 동역자로 고려하면 좋을까요? 조금 더 구체적으로 말씀해 주세요."

김 교수가 답했다.

"아무래도 조금 막연하시죠? 몇 가지 예를 들어서 여러분의 생각을 돕겠습니다. 교회 대학부와 청년부에서 같이 신앙생활 한 친구들은 어떠세요? 교회학교 교사로 함께 섬겼던 선생님들은 어떠세요? 대학교를 다니며 학생 선교 단체 생활을 했다면, 동아리 친구들도 포함시킬 수 있고요. 중 고등학교 때 친구들은 어떤가요? 학과 친구나 직장 동료는요? 교회 목사님과 장로님과 집사님들, 혹은 친척들 중에 신앙생활을 하는 분들도 포함시킬 수 있지요. 교역자 생활을 했다면, 지금까지 섬겼던 교회들의 목사님과 장로님들도 고려할 수 있습니다."

문누가 선교사가 물었다.

"그렇게 말씀하시면, 포함시킬 이름은 많습니다. 그런데 오래전에 연락 끊긴 사람들에게 연락하는 것은 조금 민망하지 않나요?"

김 교수가 대답했다.

"아마도 오랫동안 연락이 없다가 불쑥 연락해서 만나, 재정 동역을 제안하면 상대가 오해할까 싶어서 그러신가요?"

하경이 대신 말했다.

"예, 아무 연락 없다가 자기 결혼한다고 청첩장을 보내는 사람처럼 얄밉게 보이지 않을까요?"

"글쎄요. 그건 평소에 어떻게 대인 관계를 맺어 왔고 여러분의 진심이 무엇인가에 달려 있을 것 같아요. 누구나 이따금 한동안 연락이 없던 사람에게 연락을 받을 때가 있습니다. 이때, 여러분은 어떻게 반응하십니까? 반가워하면서 그간의 삶을 나누며 우정이나 친분을 다시 쌓나요? 아니면 경계하거나 모른 척하십니까? 여러분은 진심으로 그 사람과 함께 하나님의 일을 하고 싶습니까, 아니면 단순히 재정적 도움을 받고 싶습니까? 기도하기 단계에서 이런 것들을 고민하고 정리해야 합니다."

김 교수가 말을 이었다.

"여러분은 옛날에 친했던 친구가 자기 결혼식에 초대하는 것이 좋습니까, 아니면 연락하지 않는 것이 좋습니까? 초대하는 것은 축의금 때문이라는 오해를 받을 수 있고요. 연락하지 않으면 상대를 그다지 중요하지 않은 사람이라고 생각한다는 오해를 받을 수 있습니다.

수십 년 전에 제가 군입대 할 때 연락하지 않은 친구가 있었습니다. 휴가를 나와서 그 친구를 만났는데, 군입대 할 때 연락하지 않아서 섭섭했다고 하더라고요. 의외의 반응이어서 속으로 놀란 적이 있습니다.

한동안, 교류가 없었더라도 연락하는 것이 좋습니다. 여러분을 좋게 생각하고 여러분의 사역을 긍정적으로 평가한다면, 10년, 20년 만에 연락하더라도 재정 동역자로 나설 것입니다. 그리고 여러분을 도와달라는 것이 아니라 하나님의 일을 같이 하자고 제안하는 것이니까요."

문누가 선교사가 고개를 끄덕이며 말했다.

"그러네요. 어떻게 해도 오해를 살 여지가 있네요."

예진이 말했다.

"얼마 전에 교회 대학부에서 신앙생활을 같이한 친구를 15년 만에 만났어요. 제가 선교 사역을 하고 있다고 하니까, 자기가 진작 알았으면 후원했을 거라고 하면서 그 달부터 후원하기 시작했어요. 그리고 안타깝지만, 재정 동역자를 구하는 과정에서 사이가 소원해지는 친구도 생겼습니다."[4]

예진의 말이 끝나자, 하경이 손을 들고 질문했다.

"교수님, 그러면 몇 명에게 제안해야 할까요?"

김 교수가 대답했다.

"아직은 계획 단계니까, 명단에 몇 명을 채워 넣을지를 질문하시는 거죠? 아주 좋은 질문입니다.

제가 학생들과 해외 단기 선교를 갈 때, 팀 차원에서 모금 활동을 합니다. 1인당 전체 예산이 흔히 110만 원에서 130만 원인데, 이 중에서 50만 원은 같이 모금 활동을 합니다.

여러 해 동안, 명단 작성을 하지 않고 모금을 했다가, 올 여름에는 조금 달리 했습니다. 학생들에게 각자 100명에게 재정 동역을 요청하라고 했습니다. 결과가 놀라웠습니다. 100명에게 요청한 사람은 목표 금액을 초과 달성했고, 80명에게 요청한 학생들도 100퍼센트 달성 혹은 대부분 초과 달성을 했습니다. 40명이 안 되는 사람들에게 재정 동역을 요청한 사람은 목표 금액을 채우지 못했습니다."

하경이 눈을 크게 뜨며 말했다.

"100명에게 요청했다고요? 그러면 100퍼센트를 당연히 채우고도 남겠는데요!"

"그렇죠? 장기 사역을 하는 여러분은 80명의 개인과 20개의 교회 명단을 작성하면 어떨까요? 이들 중에 연락이 되지 않거나 해외 등 먼 곳으로 이사해서 만날 수 없는 사람이 적잖이 될 것입니다.

일단 명단에 이들의 이름과 전화번호, 이메일과 주소를 같이 정리하셔야 합니다. 만약 이메일과 주소가 없다면, 일단 이름과 전화번호를 먼저 정리하세요. 그리고 이메일과 주소는 나중에 만나서 수집하고 정리하셔야 합니다."

"그럼 만나는 시기는 언제로 정하면 좋을까요?" 문누가 선교사가 물었다.

"좋은 질문입니다. 개인의 경우는 1년 중 아무 때나 괜찮습니다. 여러분이 준비되어 있고, 상대방이 바쁘지만 않다면 말입니다.

다만 교회는 이르면 9월 하순과 10월 중순 사이에 담임목사님과 선교위원장을 만나는 것이 좋습니다. 대부분의 교회가 예산을 11월

중에 세우는데, 그 전에 만나서 교회가 생각할 수 있는 시간을 주는 것이 필요합니다."

김 교수의 말이 끝나자, 하경이 질문할 것이 있다는 듯 미소를 지으며 손을 들었다.

"교수님, 그런데 꼭 만나서 요청해야 하나요? 요즘 메신저를 많이 사용하는데, 메신저로 요청하면 안 될까요? 이메일이나 SNS로 재정 동역을 요청해도 함께할 사람은 함께하지 않을까요?"

### 꼭 만나야 하는 이유

김 교수가 하던 말을 잠시 멈추었다가 대답했다.

"잠시 뒤에 다룰 내용인데, 지금 말씀드릴게요. 아주 특수한 상황을 제외하고는 꼭 만나서 요청해야 합니다. 왜 그럴까요?

첫째, 단순히 재정 후원자를 찾는 것이 아니라 재정 동역자를 구하는 것입니다. 우리의 사역에 대해 잘 이해할 수 있도록 있는 힘껏 애써야 하지 않을까요? 우리가 선교지에 있으면, 재정 동역자와 만나기도 쉽지 않고 허심탄회하게 대화하기도 쉽지 않습니다. 그러니 가능할 때 만나서 서로를 더 아는 것이 좋지요.

직접 만나서 재정 동역을 요청하는 것은 하나님의 일을 위해 의기투합하는 것과 비슷합니다. 공동체 의식을 높이기 위한 MT, 단합대회, 회식 같은 것을 메시지로 하는 것을 상상할 수 있습니까?"

둘째, 직접 만나는 것은 잠재적인 재정 동역자를 존중하는 것입니다. 단순히 돈이 필요해서 상대방에게 돈을 달라고 연락하는 것이 아니라, 하나님의 일에 같이 참여하자고 제안하는 것입니다.

유비가 삼고초려를 한 끝에 모략가인 제갈량을 얻을 수 있었습니다. 사업을 시작하며 누군가와 동업하려고 할 때에도 몇 번이고 만나서 의논합니다. 하나님의 일을 같이 하려고 하는데, 메신저나 이메일은 상대방을 너무 가볍게 여기는 것처럼 보이지 않을까요?

입장을 바꾸어 생각해 보지요. 누가 여러분과 진지한 대화를 하려고 하는데, 만나서 하는 것과 메신저로 하는 것 중에서 어느 것이 더 진지하고 여러분을 존중하는 것으로 보입니까?

셋째, 아시다시피, 돈은 아주 까다로운 대화 주제입니다. 같은 말이라도 전혀 다른 의미로 들릴 수 있습니다. 해석의 차이로 오해가 일어나기 쉽습니다. 이런 오해를 최소화하는 것은 직접 만나서 얼굴을 보며, 제스처를 보고 서로 주고받는 말이 정확히 전달되도록 하는 것입니다.

물론, 메신저나 SNS, 이메일 같은 것을 보조적으로 사용할 수 있습니다. 하지만 잠재적인 재정 동역자를 직접 만나서 요청하는 것을 대체할 수는 없습니다. 직접 만나서 요청하느냐의 여부가 재정 동역자들을 발굴하는 데 거의 절대적인 영향을 끼칩니다."

### 잠재적 재정 동역자를 만난다면?

김 교수는 주의 환기 차원에서 모두를 둘러본 뒤에 말을 이었다.

"작성한 명단의 사람들 중에서 누구부터 만날지도 결정해야 합니다. 재정 동역을 할 것으로 정말로 기대되는 사람들을 먼저 만나도록 순서를 조정하세요. 만나서 재정 동역을 요청했을 때, 사람들의 긍정적인 응답을 경험하는 것이 여러분에게 도움이 됩니다. 또한, 긍정적인 답을 들은 만큼 모금해야 할 재정의 액수도 감소합니다. 일석이조죠. 이런 사람들이 누구일까요?

여러분과 친한 친척, 친구, 직장 동료들이지 않을까요? 혹은 여러분의 사역 내용에 관심을 가질 만한 사람, 혹은 여러분의 선교지에 관심이 많은 사람도 포함됩니다.

샤드락[5]은 작성한 명단에서 최우선 순위, 중간 순위, 낮은 순위 등 세 그룹으로 구분하라고 제안합니다. 그리고 최우선 순위로 분류된 사람들을 먼저 만날 계획을 세우고, 중간 순위, 낮은 순위로 순차적으로 만날 계획을 세우는 것이죠."

"만나서 무슨 말을 해야 할까요?" 하경이 물었다.

"아시는 것처럼, 여러분의 선교 사역을 소개해야지요. 여러분이 왜 특정 국가에서 특정 사역을 하는지를 설명하는 것이 필요합니다. 여러분의 사역이 현지인에게 영적으로 어떤 의미가 있고 육적으로 어떤 유익이 있는지도 설명해야 합니다. 여러분 사역의 인적, 재정적 규모를 설명하고 활동 내용도 설명이 필요합니다. 선교 사역 소개를 준비하면서 여러분의 말에 설득력이 있는지를 객관적으로 평가해 보세요."

예진이 손을 들고 질문했다.

"교수님, 혹시 비유를 들어 설명해 주실 수 있나요?"

김 교수가 예진을 보며 말했다.

"그럼 비유를 들어 설명해 볼게요. 벤처 사업가를 만났다고 한번 상상해 보세요. 선교 사역은 종종 참 좋은 아이디어지만, 조금은 뜬구름 잡는 것처럼 보입니다. 일종의 벤처 사업 같은 거죠. 여러분은 어떤 설명을 들어야 벤처 사업에 투자하시겠어요?"

예진이 말했다.

"서남아시아의 사람들에게 복음을 전하러 간다는 말로는 충분하지 않나요?"

김 교수가 물었다.

"이렇게 한번 생각해 볼까요? 여러분은 유전 공학을 이용한 벤처 사업을 한다는 말에 어느 정도 투자할 의향이 있으세요?"

조예승 선교사가 답했다.

"그 정도 정보만을 가지고 투자하는 것이라면 거의 묻지 마 투자가 아닐까요?"

하경도 자신의 생각을 말했다.

"너무 막연해요. 사업의 규모도 모르겠고, 어떻게 성공하겠다는 건지도 모르겠고. 별로 투자 의욕이 안 생기는데요."

"그렇죠? 이것처럼 한국 교회와 성도들도 선교 사역에 재정과 기도로 동역하려고 할 때, 그 사역이 얼마나 가치 있고 의미 있는 일인지를 알고 싶어 할 거예요. 한국 교회와 성도들은 현지 생활과 현지 교회 사정을 잘 모릅니다. 이것을 알아들을 수 있는 방법으로 설명하지 않으면, '거의 묻지 마 헌금'을 하라는 것과 같습니다. 선교사를 의심할 이유는 없지만, 무조건 믿어야 할 이유도 없습니다. 이런 이유로 선교 사역을 한국 교회와 성도들이 이해할 수 있도록 준비해서 소개해야 합니다."

예진이 다시 질문했다.

"조금 구체적인 질문을 드릴게요. 서남아시아에서 천 명에게 세례를 주고 열 개 교회를 세운다고 하면 구체적인 비전이고, 충분한 설명이 될까요? 요즘 한국 교회도 이런 식의 표현을 예배당 벽에 걸어 놓은 것을 어렵지 않게 볼 수 있잖아요?"

김 교수가 답했다.

"명확해서 좋기는 한데, 너무 구체적인 것은 아닐까요? 지나치게 광범위하지도 않으면서 필요 이상으로 구체적이지도 않은 게 좋을 것 같아요.

예를 들어, '하나님의 인도하심을 따라 네팔 카트만두에 지속 가능한 기독교 공동체 설립을 돕는다'와 같이 하나님을 언급함으로써 이 사역은 하나님의 일인 것을 선교사 자신과 동역하는 교회와 성도들도 기억하도록 도울 수 있으면 좋겠어요.

범위는 네팔 전역보다는 네팔의 한 도시인 카트만두로 좁혀지면서 구체화가 되었죠? 선교사 1인이 3천만 명의 인구를 대상으로 사역하기는 힘들잖아요. 방송 사역을 한다면 모를까, 네팔 전역을 목표로 하는 것은 너무 광범위하죠. 지속 가능한 기독교 공동체가 구성되기 위해서는 기독교인이 있어야 하고 교회도 있어야 하니까, 이것들을 포함하는 개념이고요. 이것은 충분히 성취 가능하고 구체적인 계획과 실천이 동반될 수 있는 비전이라고 할 수 있겠네요."

"질문을 하나 더 해도 될까요? 교수님이 말씀하신 비전과 함께 만 명의 네팔인이 예수를 믿도록 돕기, 열 개의 교회 개척하기 등을 전략 등으로 사용해도 될까요?"

예진이 이어서 질문하자, 김 교수가 미소를 지으며 답했다.

"바로 그겁니다. 선교 비전 설명과 함께 구체적인 전략들이 있으면 더 좋지요."

계획을 스마트하게!

김 교수가 모두를 보며 말했다.

"계획을 스마트하게 하는 것에 대해 들어 보셨나요? '스마트'(SMART)의 각 철자로 시작하는 단어들을 토대로 계획을 세우는 겁니다. 조지 도란(G. T. Doran)[6]이 처음 제안했던 개념을 조금 수정한 것입니다. Specific(구체적으로), Measurable(수치화될 수 있게), Attainable(성취 가능한 범위 안에서), Realistic(현실적으로), Time-oriented(기한의 제한을 두면서), 이렇게 해서 SMART입니다."

"이전에 어느 세미나에서 배운 적이 있어요." 예진이 반가워하며 말했다.

하경이 눈을 크게 뜨며 말했다.

"한 번에 이해가 쏙 되는데요. 이런 방법이 있었네요. 이것은 사역을 계획할 때에도 사용할 수 있을 것 같아요."

김 교수가 말을 덧붙였다.

"사역 비전을 그럴싸하게 포장하는 것이 중요한 것이 아니라, 선교사가 정말로 그렇게 생각하는지가 중요해요. 선교사가 기도하면서 하나님으로부터 그와 같은 비전을 품게 되었는지, 그리고 이것을 진솔하게 설명하는지가 중요합니다."

문누가 선교사가 말했다.

"설마 말만 그럴싸하게 꾸미는 선교사가 있겠어요?"

조예승 선교사도 거들었다.

"맞습니다. 선교사가 설마 그러겠어요?"

예진이 조예승 선교사를 보며 말했다.

"꼭 나쁘게만 생각해서가 아니라 선교사가 깊이 생각하지 않고 그럴듯하게 보이고 그렇게 되면 좋을 것 같아서 비전을 그렇게 말할 수도 있을 것 같아요."

"맞습니다. 비전은 선동 구호나 표어가 아니고 추구할 방향입니다. 삶으로 살아 내며 추구하는 것이죠. 그런 의미에서 말하기 좋고 듣기 좋아서, 혹은 주변에서 하고 있어서 비전으로 정하는 것은 적절하지 않지요." 김 교수가 단호하게 말했다.

### 세 번째로 해야 할 일, 요청하기

화제를 바꾸려는 듯 세미나 참가자들을 잠시 둘러본 뒤에 김 교수는 말을 이었다.

"그러면 이제 세 번째로 요청하기에 대해서 이야기를 나눠 볼까요? 여러분은 후원 요청 혹은 재정 동역 요청이라는 말을 들으면 무슨 생각이 드세요?"

하경이 조금은 작아진 목소리로 대답했다.

"아무래도 좀 긴장이 돼요. 무섭지는 않은데 떨리고요."

예진이 이어서 말했다.

"혹시 분위기가 갑자기 이상해지지 않을까? 말실수하는 것 아닐까 걱정이 돼요."

"구걸하는 것으로 보이지 않을까 하는 염려 아닌 염려도 하게 되고요." 문누가 선교사도 말을 덧붙였다.

"저는 무슨 말을 어떻게 해야 할지 몰라서 그냥 후원 요청하는 것을 의도적으로 미루게 돼요." 조예승 선교사가 풀이 죽은 듯 말했다.

김 교수가 참석자 모두를 보며 말했다.

"흔히 사람들이 재정 후원을 요청하는 것에 대해 걱정하거나 염려합니다. 여러분만 그렇게 느끼는 것이 아닙니다. 예전보다 많이 나아졌지만, 저도 여전히 긴장됩니다.

이것은 동양과 서양이 다르지 않습니다. 북미의 여러 기독교 선교 단체에서 재정 모금을 가르친 피트 소머(Pete Sommer)가 이런 말을 했습니다.

'기독교 사역자 중에 92퍼센트가 재정 후원을 요청하는 것에 대해 두려움을 경험한다. 그리고 나머지 8퍼센트는 그렇지 않다고 거짓말하는 것이다.'[7]"

"어머, 그럼 제가 조금도 이상한 것이 아니네요." 하경이 눈을 크게 뜨며 말했다.

김 교수가 하경을 보며 미소를 지은 뒤에 말을 이었다.

"사실 긴장 자체가 나쁜 것은 아닙니다. 긴장에는 긍정적 긴장과 부정적 긴장이 있습니다. 긍정적 긴장은 우리로 하여금 문제에 민첩하게 반응하도록 돕습니다. 그러나 부정적 긴장은 우리의 마음과 몸을 굳게 만들어서 문제에 잘 대처하지 못하도록 합니다.

후원 요청을 할 때, 긴장 자체를 없애기 힘듭니다. 하지만 긍정적 긴장을 가지고 있으면, 잠재 재정 동역자의 관심과 질문에 보다 효과적으로 대응할 수 있습니다."

"맞아요. 제가 이런 경험을 해 봤어요. 대학원 진학을 위해 면접을 보았는데, 바로 이런 느낌이었어요. 다행히도 긍정적 긴장이었어요." 하경이 말했다.

"맞습니다. 흔히 긍정적인 긴장과 부정적인 긴장 모두를 경험해 보셨을 겁니다. 이 세미나를 통해 부정적인 긴장이 긍정적인 긴장으로 바뀌기를 바랍니다.

모금에 대해 아는 것도 많이 없고 경험도 많지 않으면, 부정적인 긴장을 갖기 쉽습니다. 앞이 안 보이는 어두운 곳에서 긴장감이 높아지고 이유 모를 두려움을 느끼는 것처럼 말이에요.

이제, 여러분이 모금에 대해서 이렇게 배웠고, 앞으로 재정 동역 요청을 많이 경험할 테니 긴장감은 낮아지고 두려움도 줄어들 것입니다."

김 교수는 선교사들을 격려하듯 따뜻하게 미소를 지었다.

## 그들은 왜 재정 동역에 참여할까

김 교수가 세미나 참석자들에게 물었다.
"교회와 성도가 왜 재정 동역으로 선교에 참여할까요?"
문누가 선교사가 대답했다.
"아무래도 경제적으로 넉넉하니까 그런 것 아닐까요?"
"글쎄요. 어려움을 당하는 선교사들 돕기 위해서요?" 조예승 선교사가 말했다.

"선교사와 친해서 동참하는 것도 있을 것 같은데요." 하경도 대답했다.

"참 다양하네요. 말씀하신 것처럼 재정 동역의 이유는 많습니다. 소머는 다음과 같은 이유로 사람들이 재정 동역에 참여한다고 말했습니다.[8]

첫째, 하나님이 감동을 주셨기 때문입니다.
둘째, 재정 동역자가 중요하게 생각하는 사역이기 때문입니다.
셋째, 사역이 사람들의 삶을 변화시키기 때문입니다.
넷째, 재정 동역자가 선교사를 알기 때문입니다.
다섯째, 자신이 동역자라는 느낌을 선교사로부터 받기 때문입니다.
여섯째, 후원하고 재정 동역하는 것을 기뻐하기 때문입니다.
일곱째, 재정 동역자가 되어 달라는 말을 직접 대면해서 들었기 때문입니다.
여덟째, 소개받은 사역 내용이 충분히 설득력 있기 때문입니다."

김 교수가 선교사들에게 다시 질문했다.

"여러분이 선교사를 재정 후원했던 경험을 생각해 보세요. 여러분은 왜 재정 후원이나 재정 동역을 하셨나요?"

하경이 물었다.

"우리가 재정 후원했던 것이요? 받은 것이 아니라?"

"예, 맞습니다." 김 교수가 둘러보며 대답했다.

"신대원 친구가 선교사로 나가게 되었을 때, 재정 후원을 했어요." 조예승 선교사가 말했다.

"어느 선교사님의 재정 필요를 알았고, 하나님께서 감동을 주셨어요." 예진이 대답했다.

"저는 책의 힘을 믿는데, 어느 분이 문서 선교를 한다고 해서서요." 문누가 선교사가 말했다.

"저는 가급적이면 적은 액수지만 선교사님들의 사역을 후원하려고 노력했어요." 하경이 답했다.

김 교수가 여러 사람의 말을 들은 뒤에 다시 질문했다.

"여러분이 후원한 선교사님들이 모두 여러분과 친한 사이였나요? 후원하게 된 계기가 무엇이었어요?"

"저의 경우는 그분을 잘 몰랐지만, 기도회에서 선교 보고를 하시는 것을 듣고 후원의 마음이 생기게 되었어요." 문누가 선교사가 대답했다.

"친구가 제게 후원을 요청했습니다. 후원을 요청하지 않았으면, 아마 그냥 기도만 했을지도 몰라요." 조예승 선교사가 말했다.

"친한 친구는 아니었는데, 제가 후원 요청을 받고 며칠 기도하던 중에 감동을 받았어요." 예진이 기억을 되살리며 말했다.

"저는 소액 후원을 하는데, 경우마다 조금 달라요. 그런데 요청을 받으면 아무래도 더 했던 것 같아요." 하경이 말했다.

김 교수가 선교사들의 경험을 정리했다.

"동료의 재정 후원 경험들을 들으니 어떠세요? 가까운 친구도 후원하지만, 모르는 사람에게도 후원했습니다. 후원 요청을 받으면, 아무래도 조금 더 진지하게 고민하게 됩니다."

## 좋은 만남이 되기 위한 방법

김 교수는 잠시 호흡을 가다듬고 전체를 둘러보며 말했다.

"그럼 이제부터 조금 더 구체적인 내용을 생각해 볼까요? 조금 전 계획하기에서 100명이든 80명이든 재정 동역을 요청할 사람들의 명단 작성하기를 했죠? 이제 이 사람들에게 개별적으로 연락하고 만나서 재정 동역을 요청하는 일을 해야 합니다."

김 교수의 말이 끝나자, 하경이 물었다.

"모든 사람들에게 한꺼번에 연락하나요?

"아니요. 그랬다가는 행복한 고민에 빠질 위험도 있습니다. 100명에게 한꺼번에 연락해서 만나려고 했다가는 만날 날짜를 정하기가 아주 힘들 것입니다. 샤드락이 제안한 것처럼, 한 번에 열 명, 스무 명씩 나누어 연락한 후 만날 약속을 잡는 것이 좋습니다."

"언제 전화하는 것이 좋을까요?"

예진이 질문하자, 김 교수가 말했다.

"여러분은 만나는 약속을 얼마나 미리 잡으세요? 2주일 전? 1주일 전? 하루 전? 아무래도 이것은 조금 진지한 것이니까, 최소한 1주일 전에 연락해서 만날 약속을 정하는 것이 좋지 않을까요?

여러분은 하루 중 언제가 통화하기에 편한가요? 너무 이른 아침이나 너무 늦은 저녁 시간을 피하는 것이 좋지 않을까요? 대개 오전 10시부터 8시 사이가 무난하지 않을까 생각합니다. 물론 식사 시간은 피해야겠지요. 교회에서든지 어디에서든지 대면했다면, 바로 그 자리에서 말하기보다는 약속을 따로 정하는 것이 좋습니다."

문누가 선교사가 궁금한 점이 생겼는지 김 교수의 말이 끝나기가 무섭게 질문했다.

"무슨 말을 하며 약속을 잡아야 할까요?"

"사람마다 통화 스타일이 다르기 때문에 두 가지 중요한 것만 말씀드릴게요. 비유로 말하면, 좌회전하기 전에 깜빡이를 사용하라는 것입니다.

우선, 여러분의 선교 사역에 대해 말하고 싶다고 꼭 말씀하세요. 어떤 사람은 만나고 돌아가는 길에 '저 사람이 왜 만나자고 했나 궁금했는데, 돈 때문에 그랬구나' 하며 오해하고 기분 나빠 할 수 있습니다.[9]

그리고 약속을 잡을 때 너무 자세히 말씀하지 마세요. 적지 않은 사람이 그런 것이라면 전화로 얘기하자고 할 수 있습니다. 이럴 때는 얼굴 보면서 말하는 것이 더 좋겠다고 하며 만날 약속을 잡는 것이 좋습니다.

재정 동역을 하겠다고 해도, 장기적으로 보았을 때 여러분이 무슨 사역을 하는지 상대가 잘 아는 것이 좋지 않겠어요? 그리고 만나서 이야기하는 것이 상대를 더 존중하는 모습으로 보이지 않을까요? 전화로 재정 동역을 이야기하면, 상대는 이것을 가볍게 생각하고 큰 고민 없이 거절하기도 쉽습니다."

"메신저나 이메일로 만나자고 해도 괜찮을까요?" 문누가 선교사가 다시 물었다.

"예, 괜찮습니다. 요즘 통화보다 메신저를 선호하는 분도 많죠? 그런데 여러분의 선교 사역과 관련해서 만나자고 메시지를 보냈는데, 답이 없을 경우, 혹은 즉시 답이 없을 경우 여러분은 어떤 생각이 드시겠어요? 만나기 싫어한다고 생각할 수 있습니다. 그렇지만 안 그런 경우도 아주 많습니다. 이메일을 주고받으면서 만날 약속을 정할 수도 있지만, 모든 사람이 그렇지는 않거든요.

메시지와 이메일에 답이 없다고, 바로 재정 동역을 싫어한다고 성급히 생각하지 마시고 전화를 걸어서 만날 약속을 정하시기 바랍니다. 이것은 정말 중요한 점입니다."

김 교수가 물 한 모금을 마시고 말을 이었다.

"최근에 제가 메시지를 하나 받았어요. 자신이 곧 선교지에 갈 예정이라, 만나고 싶은데 내가 바빠서 만날 시간이 없을 것 같다면서, 재정 후원을 해달라는 내용이었습니다.

물론 자신의 선교 사역에 대해 소개하고 싶으니 만나고 싶다는 말을 이렇게 돌려서 말했을 수도 있습니다. 하지만 이것은 그리 썩 좋은 표현은 아닙니다. 못 만나는 이유가 내가 바쁜 것 때문이라는 말인데, 저는 살짝 불쾌했습니다."

하경이 물었다.

"아 다르고 어 다른데, 그렇죠?"

김 교수가 고개를 끄덕이며 답했다.

"맞습니다. '본인이 앞으로 하게 될 선교 사역에 대해 같이 이야기를 나누면 정말 좋겠다. 바쁘겠지만, 시간을 내어 주면 참 좋겠다.' 이렇게 말하면서 언제 어디서 만나면 좋을지 물어보면 됩니다."

문누가 선교사가 물었다.

"이렇게 만나자고 하면 모두 만날까요?"

"여러분의 경험은 어떠세요? 꼭 그렇지 않죠? 상대방이 만날 약속을 정말 거절하는지, 아니면 마침 상대방이 바쁜 시기여서 그런지 구별하는 것이 필요합니다.

설령 상대가 여러분의 사역에 관심을 보이지 않아도 이것을 긍정적으로 생각해야 합니다. 전화로 만날 수 있는지 물어보지 않았다면 괜히 그 사람의 재정 동역을 기대했을 수도 있잖아요?"

## 재정 동역자에게 안내해야 할 사항들

예진이 김 교수에게 물었다.

"만나는 것을 위해 무엇을 준비하면 좋을까요?"

"여러분의 선교 헌신 간증, 선교 사역에 대한 설명, 그리고 재정 관련 안내 등을 서면으로 준비하고 스토리텔링 형식으로 짧게 준비하는 것이 필요합니다.

특별히 재정 관련 안내는 필요한 예산의 총액을 말하는 것으로 그치면 안 됩니다. 성도 개인은 1만 원, 3만 원, 5만 원, 10만 원 등에서 쉽게 선택할 수 있도록 도와주어야 합니다. 교회나 구역이나 단체를 위해서는 5만 원, 10만 원, 20만 원, 30만 원 등에서 선택할 수 있도록 준비하면 좋습니다.

왜냐하면 선교사가 필요한 예산 총액만 말하면, 상대방이 난처해 할 수 있습니다. 얼마를 헌금해야 충분히 많이 하면서도 재정 동역지인 자신에게 크게 부담되지 않을지, 그 당시에는 잘 판단이 안 서거든요.

우리나라에는 아직도 체면 문화가 있잖아요? 자기 체면을 생각해서 조금 주느니 아예 안 줄 수도 있고, 많이 주려다가 부담이 되서 재정 동역을 얼마 못할 수도 있습니다. 그러니까 적절한 금액을 선택할 수 있도록 돕는 것이 필요합니다."

예진이 또 질문했다.

"그리고 더 준비할 것은 없나요?"

"송금 방법을 명확히 안내하는 것도 필요합니다. 만난 자리에서 계좌 번호를 적어 주기보다는 서면으로 준비하는 것이 좋습니다.

이 모든 것을 할 때, 사역에 대한 확신과 기대감을 가지고 있어야 합니다. 여러분이 먼저 선교 사역에 대해 확신하고 기대가 있어야 이것이 전달됩니다."

김 교수가 검지를 펴서 강조하며 말했다.

"무엇보다도 중요한 것은 재정 동역을 요청하는 것입니다. 이때, '선교 사역을 위해 기도해 주세요'라고 막연하게 말하지 마세요. 또 선교 사역에 대해 다 이야기한 뒤에 재정 요청하는 것을 생략해서도 안 됩니다.

꼭 이렇게 제안해야 합니다. '하나님께서 이 사역을 시작하셨고 저를 부르셨는데, 당신도 같이 하지 않겠어요? 하나님의 사역에 동역자가 되지 않겠어요?'

상대가 이 일에 관심이 있다면, 어떻게 동역하면 좋을지를 물을 겁니다. 재정 동역에 여러 방법이 있다고 설명하고, 그 방법들을 안내하면 됩니다."

김 교수가 잠시 숨을 고른 뒤에 말을 이었다.

"재정 동역의 방법들을 안내할 때, 높은 금액을 제안하는 것이 좋습니다."

문누가 선교사가 물었다

"그것은 왜 그렇죠?"

"흔히 적은 액수를 제안하기 쉽습니다. 쉽고 편할 것 같아서요. 하지만 적은 액수 후원은 그만큼 더 많은 사람에게 재정 동역을 요청해야 할 필요가 생깁니다.

많은 금액을 제안받으면 잠재 재정 동역자들은 자신이 그렇게 높게 평가받았다고 생각합니다. 오히려 적은 금액을 제안받으면, 자신이 과소평가되었다고 생각하기도 쉽고요.[10]

만약 자신이 감당하지 못할 정도로 높은 금액이면, 재정 동역은 하고 싶은데 금액이 너무 크다는 표현을 직간접으로 할 겁니다."

문누가 선교사가 말했다.

"그렇군요. 그런 측면에서는 한 번도 생각해 보지 않았어요."

김 교수가 다시 말을 시작했다.

"참고로, 저는 금액마다 이름을 붙이는 방법을 사용합니다. 예를 들면, 개인이 할 수 있는 재정 규모로 1만 원은 한라산 동역, 3만 원은 설악산 동역, 5만 원은 백두산 동역으로 부르고요. 교회와 단체가 할 수 있는 규모로 5만 원은 대구, 10만 원은 부산, 20만 원은 광주, 30만원은 서울이라고 부를 수 있습니다. 물론 이름은 다양하게 바꾸어서 정할 수 있지요."

| 한라산 동역자 | 1만 원 |
|---|---|
| 설악산 동역자 | 3만 원 |
| 백두산 동역자 | 5만 원 |

표1. 성도 개인을 위한 재정 동역 제안의 예

| 대구 후원 | 5만 원 |
|---|---|
| 부산 후원 | 10만 원 |
| 광주 후원 | 20만 원 |
| 서울 후원 | 30만 원 |

표2. 교회와 단체를 위한 재정 동역 제안의 예

조예승 선교사가 걱정스레 물었다.

"이렇게 만나서 설명하고 재정 동역을 제안했는데, 부정적인 답을 들으면 어떻게 하죠?"

"물론 모두가 그렇게 하겠다고 대답하지 않을 겁니다. 부정적인 답을 하는 성도도 분명 있을 것입니다. 그런데 재정 동역을 제안한 자리에서 바로 답을 기대하지 마세요. 오히려 기도하고 결정해 달라고 말하시고, 며칠 뒤에 전화하겠다고 하세요. 만약 바로 긍정적인 답을 하더라도, 결혼한 분이면 배우자와 상의하고 결정하는 것이 좋지 않겠냐고 조언하며 며칠 뒤에 연락하겠다고 하세요. 부부가 같이 알고 동의한 재정 동역은 오랜 기간 지속될 확률이 높습니다. 그렇지 않으면 얼마 못 가서 중단되기 쉽습니다.

만나서 재정 동역을 요청하고 며칠 뒤에 꼭 연락을 해서, 상대방의 결정을 들어야 합니다. 이때 꼭 하셔야 할 것들이 있습니다."

첫째, 재정 동역의 여부와 상관없이 진심으로 고마움을 표현해야 합니다. 선교 사역이 외로울 때가 많습니다. 그런데 동역자가 생겼으니 얼마나 고마운 일인가요? 우리가 하는 사역을 귀하게 판단하고 동참하겠다는 것이 고맙지 않나요? 단순히 돈이 고마운 것이 아닙니다.

부정적인 답을 하더라도 고마운 것입니다. 자신의 귀한 시간을 들여서 우리의 사역에 대해 들었고 기도하며 고민했으니, 당연히 고마워해야 합니다.

둘째, 자동 이체를 권해야 합니다. 모바일뱅킹과 인터넷뱅킹 등으로 돈을 이체하는 것이 보다 편리해졌지만, 여전히 매달 기억해서 송금하는 것은 쉽지 않습니다. 꼭 자동 이체를 요청하기 바랍니다. 재정 동역을 하겠다고 말했다면, 자동 이체를 제안해도 별로 이상하지 않습니다. 그리고 한두 달 뒤에 자동 이체되는지를 확인해서 그렇지 않다면, 다시 안내하는 것이 좋습니다."

말을 마친 김 교수가 벽시계를 보았다.

"벌써 한 시간이 지났네요. 잠시 쉬도록 하겠습니다."

하경이 말했다.

"교수님의 말씀을 이렇게 요약할 수 있을까요? 재정 동역자를 세우기 위해 세 가지 활동을 해야 하는데, 그중 첫 번째가 하나님의 마음을 품기 위해 기도하기, 두 번째가 계획하기, 세 번째가 하나님이 부르신 일에 동참하도록 요청하기라고요."

하경의 요약을 듣고 예진이 말했다.

"교수님 말씀을 들으면서 떠오르는 말씀이 있었어요. 계획은 사람이 세우지만, 결정은 주님께서 하신다(잠 16:1 참조)."

문누가 선교사가 이에 덧붙였다.

"이런 말씀도 있어요. 부지런한 사람의 계획은 반드시 이득을 얻지만, 성급한 사람은 가난해질 뿐이다(잠 21:5 참조)."

하경도 한 구절을 암송했다.

"사람이 마음으로 자기의 앞길을 계획할지라도 그의 걸음을 인도하시는 이는 여호와시니라(잠 16:9)."

 Chapter Point!

- 한국 교회와 성도들이 재정으로 선교에 동참하지 않는 이유 중의 하나가 요청받은 적이 없기 때문이다.
- 선교 재정 모금 활동은 기도하기, 계획하기, 요청하기 등, 이렇게 크게 세 가지로 구성된다.
- 기도를 통해 재정 모금 활동이 영적인 활동인 것을 알 수 있다.
- 하나님의 지혜를 구하고, 우리의 연약함을 고백하고, 명단을 구하는 기도를 해야 한다.
- 재정 동역자 명단에 최대한 많은 사람을 적고, 사역 비전을 SMART하게 준비하며 계획한다.
- 재정 동역자 명단의 사람들을 직접 만나서 재정 동역을 요청한다.

9장

# 하경의 깨달음들

:

"모금하지 못할 사람은 없다!"

하나님은 예수님이 예루살렘에 입성할 때 사용하실 어린 나귀를 이미 준비해 놓으셨다. 하나님은 공중에 나는 새를 먹이시고 들에 핀 꽃을 입히시는 분이다.
……
선교사가 하려는 것이 하나님으로부터 시작되었는가? 그렇다면 하나님께서 필요한 것들을 예비하신다.

세미나를 마치고 집에 돌아온 하경은 일기장을 꺼냈다. 그리고 그동안 재정 모금에 대해, 선교사로서의 사역에 대해 가졌던 고민과 생각들을 정리하였다.

오늘 깨달은 것들을 이렇게 남겨 놓지 않으면 왠지 잊어버릴 것만 같아 최대한 꼼꼼하게 자신의 마음 상태를 잘 남겨 놓으려고 애썼다. 하경은 책상에 앉아 자신의 일기장 위에 조용히 한 글자 한 글자 써 내려갔다.

### 깊이 파려면 넓게 파라

대학교 2학년 때 식목일에 배운 단순한 교훈이 지금도 기억난다. "깊이 파려면, 넓게 파라."

식목일을 맞아 교수님들과 학생들이 함께 교정에 벚꽃나무를 심었다. 나는 여러 교수님 중에서 지금은 하늘나라에 계신 마릴 넬슨 교수님을 도와 나무를 심었다. 서울 사람인 나는 나무를 심을 줄 몰라서 구덩이를 깊게만 팠다. 조금 깊게 파자 흙이 무너지면서 구덩이 안으로 우수수 떨어졌다.

이때, 넬슨 교수님이 말했다. "하경 자매, 조금 더 넓게 파야 되겠어." 이 말을 들은 뒤에, 나는 V자 모양이 되도록 구덩이 입구를 넓히면서 깊이 팠다. 그러자 흘러내리는 흙도 없었고, 나무 심기에 적당한 구덩이가 되었다.

"깊이 파려면, 넓게 파라." 이날 배운 교훈은 지금까지 여러 번 내게 도움을 주었다.

그때 심은 벚꽃나무 묘목들이 수십 년 동안 제법 자랐다. 이제는 봄마다 화려한 벚꽃으로 교정을 화사하게 만든다. 30여 년 전에 가늘고 기다란 묘목들을 심을 때, 내 마음에 화사하게 핀 벚꽃나무를 그렸다. 의심하지 않고 희망을 마음에 품으며 묘목을 심었다.

그 결과가 생각보다 아름답다. 아주 우람하게 큰 나무도 있고, 조금 작게 자란 나무도 있다. 중간에 고사한 나무는 별로 없다. 오래전에 나무를 심지 않았다면, 오늘 이렇게 예쁜 벚꽃 구경은 불가능했을 것이다.

선교 사역을 위한 재정 모금을 하는 것도 이와 비슷하다고 생각한다. 땅을 파야 한다. 넓게, 그리고 크게 파야 한다. 땅을 어떻게 팔지 몰라 잘못 파기도 하고 서투를 수도 있다. 그럼에도 불구하고 땀을 흘리며 땅을 파야 한다. 나무를 심고 흙을 덮어야 한다. 살짝 발로 밟아 흙을 다지기도 하고 물도 적당히 뿌려 주어야 한다. 나무가 잘 자라는지 정기적으로 확인하고 돌봐야 한다.

재정 모금을 위해 준비하고 수고하고 관심을 가지면, 선교 사역을 위한 재정의 규모는 커진다. 그렇지 않으면, 열악한 재정에 시달릴 수밖에 없다.

맞다! 선교는 하나님의 사역이다. 하나님께서 시작하셨으니 마무리 또한 지으실 것이다. 하나님의 부르심을 받아 선교 사역을 하다 보면, 사역이나 현지인에게 애착이 갈 수 있고 주인 행세를 할 수 있다. 선교사도 사람이기에 충분히 그럴 수 있고, 이해할 수 있다. 그러나 선교는 선교사의 것이 아니라 하나님의 것이다.

선교사인 내가 이것을 부정하지는 않겠지만, 나도 모르게 잊는 순간이 있을 것 같다. 선교 사역을 하고 있는 내가 나의 것을 하고 있는지 아니면 하나님의 것을 하고 있는지 생각해 보자. 때때로 선교의 주체가 누구인지 돌아보고 내 마음을 다잡는 것이 필요할 것 같다.

내 사역을 위해 재정 모금하는 것이 아님을 기억하자. 우리는 흔히 자신의 것을 위해 재정 모금하는 것은 왠지 이기적인 것 같고, 구걸하는 것 같고, 남에게 의지하는 것 같은 생각이 든다. 하지만 사역은 하나님을 위한 것이니 이런 생각을 할 필요가 없다.

혹시 "내 것도 아닌데 내가 뭐 하러 그런 모금 하는 일을 해야 해?" 하는 생각을 하는지도 점검할 필요가 있을 것 같다. 하나님의 일을 위해 필요한 사람과 재정을 찾고 모으는 것이 내가 해야 할 일이다.

선교사는 자신의 뜻이 아닌 하나님의 뜻에 순종하고 생면부지의 사람들을 돕는 것이다. 선교는 예수님의 성육신을 본받고 따르는 고귀한 순종이요, 희생인 것이다. 재정 모금은 하나님의 영광을 위해, 하나님의 일을 위해 하는 것이다.

## 여호와 이레의 하나님

하나님은 하나님의 일을 위해 선교사를 부르셨다. 마찬가지로 선교사와 동역할 교회와 성도들도 부르셨다. 선교사를 예비하신 하나님이 재정 동역을 할 교회와 성도들도 예비하셨다. 하나님은 여호와 이레의 하나님이시다.

하나님은 예수님이 예루살렘에 입성할 때 사용하실 어린 나귀를 이미 준비해 놓으셨다. 하나님은 공중에 나는 새를 먹이시고 들에 핀 꽃을 입히시는 분이다. 아브람에게 아들을 예비해 놓으셨고, 이삭을 위해 아내를 예비해 놓으셨다. 애굽의 7년 흉년을 예비해 놓으셨다. 출애굽하는 이스라엘 백성을 위해 예비해 놓으셨다. 사무엘을 예비해 놓으셨다. 사울과 다윗을 예비해 놓으셨다. 나오미와 룻을 위해 예비해 놓으셨다. 니느웨를 위해 요나를 예비해 놓으셨다. 바울을 위해 아나니아와 바나바를 예비해 놓으셨다. 하나님이 바울에게 맡긴 일을 위해 여러 지역의 성도들을 예비해 놓으셨다.

허드슨 테일러가 믿고 실천했듯이, 우리도 하나님의 예비하심을 믿고 순종하는 일만 남았다. 선교사가 하려는 것이 하나님으로부터 시작되었는가? 그렇다면 하나님께서 필요한 것들을 예비하신다. 하나님께서 앞서 행하실 것이다. 하나님의 일에 부름받은 선교사들은 믿음으로 구체적인 활동들을 성실하게 하는 것이다. 분명히 우리와 함께 하나님의 일을 할 사람들은 준비되어 있다.

다만 문제가 하나 있다. 하나님이 재정 동역을 위해 부르신 이들의 이름과 주소를 선교사가 모른다. 심지어 재정 동역으로 부르심을 받은 이들도 자신의 부르심을 모를 수도 있다. 선교사가 그들에게 하나님의 사역을 공유하고 동역하자고 초청할 때, 하나님께서 역사하신다.

하나님의 역할이 있고, 사람의 역할이 있다. 선교사가 재정 모금을 할 때, 하나님이 예비하신 재정 동역자가 앞으로 나온다. 선교사가 하나님의 역사를 공유할 때, 미처 깨닫지 못한 부르심을 발견하고 재정 동역하는 교회와 성도들이 있을 것이다.

재정 동역자를 구하는 것은 기도하는 것과 유사하다. 우리는 기도할 때 하나님께서 들으신다고 믿는다. 어떤 기도에는 즉각적으로 응답하시고, 어떤 기도에는 침묵하시고, 어떤 기도에는 부정적인 답을 하시기도 한다.

혹시 응답이 오래 걸리거나 부정적인 답을 들어서 기도하지 않는 선교사가 있는가? 그런 선교사는 없을 것이다. 그렇다면, 왜 재정 동역자를 구하는 것은 믿지 않고 즉각적인 응답을 받지 않았다고 위축되거나 낙담하며 포기하는가?

## 하나님의 일을 함께하는 동료

나는 정말로 재정 동역자를 어떻게 생각하는가? 하나님의 일을 같이 하는 동료인가, 아니면 내 일을 돕기 위한 보조자인가? 정말 내 동료라고 생각한다면, 나는 재정 동역자들에게 말로만 친절하지 않고 생각과 행동으로도 친절할 것이다. 나는 사역의 비전과 계획, 그리고 실행의 결과를 이들과 공유할 것이다. 나는 재정 동역자들의 삶에 관심을 가지고 묻고 이들을 위해 기도할 것이다. 나는 이들과 자주 연락하며 의사소통할 것이다. 재정 동역자를 보조자 혹은 사역의 도구로 생각한다면, 나는 이들의 재정에만 관심을 가질 것이다.

선교 사역에 필요한 재정을 모금하기 위해서는 최대한 많은 사람을 만나고 사역을 공유하는 것이 필요하다. 선교사는 할 수 있는 만큼 많은 사람을 만나서 하나님이 하시려고 하는 일을 알리고 나누기 위해 노력해야 한다.

하나님이 우리와 함께하시려고 하는 일에 대해 아는 사람이 많아질수록, 동역자는 많아질 것이고 재정 후원도 많아질 것이다. 하나님의 일에 대해 듣고 알게 되는 교회와 성도들 중에서 하나님의 일을 함께하고자 하는 이들이 앞으로 나설 것이다. 2,000년의 선교 역사가 이것을 증명한다.

재정 모금 활동은 선교사인 내가 해야 할 일 가운데 하나이다. 필요한 재정을 마련하는 것이 선교사의 할 일이 아니다. 이것은 하나님이 하실 일이다.

선교사의 할 일은 재정 모금을 위한 활동을 하는 것이다. 선교사가 재정 모금 활동을 하면, 하나님은 그 일의 결과를 만드신다. 선교사의 재정 모금 활동 없이 하나님께서 재정 모금을 하신다면, 하나님께서 홀로 선교 사역하시면 되는데 선교사를 왜 선교지에 보내셨겠는가?

하나님은 내가 선교지에서 하나님을 따라 사역하기를 원하신다.

그뿐 아니라 내가 선교지 사정을 고국의 성도들에게 나누며 기도와 재정 요청을 하기를 원하신다.

앞으로 동역자들과 소통하는 시간을 사역 계획에 포함시켜야겠다. 적어도 일주일 중 반나절은 기도 동역자와 재정 동역자와 의사소통하는 시간으로 만들자.

사역 보고서와 기도 편지를 이 시간에 준비하고 다듬고 완성해서 발송하면 될 것 같다. 동역자들을 위해 구체적으로 기도하고, 그렇게 기도하고 있음을 알려 주며 위로하고 격려하는 데 이 시간을 사용하면 좋겠다. 동역자들도 나를 위해 그렇게 할 것이다.

나는 이제 재정 동역자들과 삶을 더 나눠야겠다. 동역자들의 경조사를 챙기는 것도 한 방법이다. 선교지에 있어서 거리가 멀어 장례식장이나 결혼식장에 갈 수 없어도, 인터넷뱅킹으로 조의금이나 축의금을 보낼 수 있지 않은가? 축하 편지나 카드는 보낼 수 있지 않은가? 메신저로 간단히 안부를 묻고 소식을 꼭 전해야겠다.

이런 정기적인 의사소통에서는 재정에 대해 언급하지 않는 것이 좋겠다. 삶을 나누기 위한 의사소통에서 재정에 대한 이야기가 있으면, 듣는 사람 입장에서는 나의 모든 영적 교제가 '기승전돈'으로 들릴 수 있다. 나는 재정 요청을 하되, 절제할 것이다. 물론 요청할 때는 명확하고 구체적으로 할 것이다.

### 배우고 경험할수록 잘할 수 있다

과연 나는 한국 교회와 성도들이 동역하고 싶은 사역을 하고 있는지 가끔씩 스스로 묻고 객관적으로 대답해야겠다. 과연 나는 내 사역과 동일하거나 유사한 사역을 하는 선교사와 재정 동역하고 있는가? 내가 하는 사역이 정말로 영적, 육적 필요를 채워 주는 효과적인 사역인가? 과연 사역의 열매가 크지 않더라도, 과정이 신실하고 신뢰를 주는가? 그렇다면 내 사역을 나눌 때에 자신 있게 말해도 괜찮을 것 같다.

나는 앞으로 기도하고 계획하고 요청할 것이다. 먼저 하나님의 간섭과 인도를 위해 기도할 것이다. 재정 요청할 명단에 적을 이름을 알려 달라고 기도하겠다. 시간을 내어 기도하고, 작정 기도를 하는 것도 필요할 것 같다.

나는 모금 활동을 계획할 것이다. 몇 명을 만날지를 목표로 설정하고, 언제 어디서 만날지를 계획하고 준비하겠다. 무엇에 대해 공유하고 무엇을 요청할지를 준비하는 것이 필요하다.

나는 반드시 만나서 요청하겠다. 나는 동역을 전화로 요청하지 않을 것이다. 전화로는 약속 시간을 정할 것이다. 이메일이나 SNS로도 요청하지 않겠다. 물론 경우에 따라 전화, 이메일, SNS를 사용해서 요청할 수도 있다. 직접 만나서 얼굴을 보면서 요청하는 것이 기본이다.

요청할 때는, 부탁하지 않고 동역하자고 초청할 것이다. 하나님의 일을 같이 하자고 동료로 그들을 초청할 것이다.

내가 그랬던 것처럼, 많은 선교사가 재정 모금을 부담스러워 한다. 이것이 우리 문화와 다르기 때문이 아니다. 이것이 내 성격과 맞지 않기 때문이 아니다. 모금에 대한 지식이 거의 전무하기 때문이다. 경험이 많지 않기 때문이다. 서양 기독교인들도 재정 모금하는 것을 무척 부담스러워 한다.

한국인들 가운데 모금을 잘하는 사람도 많다는 것을 기억하자. 모금하는 능력은 선천적인 것이 아니라 후천적인 것이다. 나도 배우고 경험할수록 잘할 수 있다. 물론 개인차는 있을 수 있으나, 모금하지 못할 사람은 없다.

Chapter Point!

- 재정 모금을 위해 준비하고 수고하고 관심을 가지면, 재정의 규모는 커진다.
- 선교는 하나님의 사역이다. 하나님께서 시작하셨으니 마무리 또한 하나님께서 지으실 것이다.
- 재정 모금 활동은 선교사의 할 일 가운데 하나이다.
- 모금하는 능력은 선천적인 것이 아니라 후천적인 것이고, 배우고 경험할수록 잘할 수 있다.

| 부록 1 |

## 꼭 알아야 할 선교 편지 작성법

일반적으로 선교사들은 기도 편지 혹은 선교 편지를 통해 한국 교회와 성도들과 의사소통을 한다. 어떻게 하면 이들과 효과적으로 선교 사역을 소통할 수 있을까? 좋은 선교 편지를 쓰기 위해 고려할 것은 많겠지만, 몇 가지만 제안하고자 한다. 선교 재정 모금 활동에서 선교 편지의 가치를 아무리 강조해도 지나치지 않다.

**첫째, 선교 편지의 목적을 이해하자.**
선교 편지의 목적은 세 가지이다. 하나님께 영광을 드리는 것이다. 그리고 선교 사역을 알리는 것이다. 마지막으로 선교 도전, 기도 요청, 재정 모금을 하기 위한 것이다.

하나님의 이름을 영화롭게 하는 것은 우리 삶의 목적이다. 선교지에서 하나님의 이름을 높이는 것은 중요하다. 하지만 한국 교회와 성도 앞에서 하나님이 선교지에서 하신 일을 증거하며 하나님의 이름을 드높이는 것도 중요하다. 선교사가 선교지 이야기를 하지 않으면, 한국 교회와 성도들은 하나님이 하신 일을 알 수 없다. 하나님의 역사를 모르는데, 어떻게 하나님의 이름을 찬양할 수 있겠는가?

한국 교회와 성도들은 선교사가 알려 주는 만큼 알 수 있다. 이들은 자신들이 알게 된 내용의 일부만을 기억한다. 인터넷이 발달하고 교통이 발달해서 한국에서도 선교지를 연구할 수 있지만, 선교사의 구체적인 사역 내용과 열매는 선교사를 통해서만 알 수 있다. 선교 편지만큼 재정 동역자의 관심과 사랑이 크지 않을 수 있다. 하지만 선교 편지가 없다면 한국 교회와 성도는 해당 선교사의 존재조차 모를 수 있다.

선교사는 재정 동역자들을 이끄는 지도자이다. 대체로 선교사가 도전하고 요청할 때에 재정 동역자들 중에서 헌신하는 사람들이 나온다. 선교사는 선교 편지를 통해 동역을 요청할 수 있다. 선교 편지는 매우 경제적이고 기초적인 의사소통 수단이다.

허드슨 테일러는 영국 교회와 끊임없이 의사소통을 했다. 테일러가 며칠 또는 몇 주 동안 전도 여행을 다녀오면 수십 통의 편지가 사무실에서 그를 기다리고 있었다. 사무실로 돌아오면 밀려 있는 일도 많았지만, 그는 자신이 받은 편지들의 답신을 보내는 데 게을리 하지 않았다. 그는 수많은 사람에게 끊임없이 하나님께서 중국에서 하고 계신 역사들을 알렸다. 또한 하나님을 따라 새롭게 해야 할 일들을 끊임없이 편지로 유럽의 기독교인들에게 알렸다.

둘째, 정기적으로 선교 편지를 보내자. 선교사는 매월, 격월, 또는 분기마다 재정 동역자들과 소통하는 것이 좋다.

선교 편지를 정기적으로 발송해야 하는데, 매월 하는 것이 너무 잦다고 생각하면, 두 달에 한 번 또는 석 달에 한 번 하는 것도 좋다! 동역하는 교회와 성도들에게 정기적으로 선교 편지를 보내는 것은 선교사가 반드시 해야 할 일 가운데 하나이다.

혹시 동역 교회 목회자에게 이런 말을 들은 적이 있는가? "선교 보고나 기도 편지는 편하게 생각하시고 자유롭게 하시면 됩니다." 이 말을 선교사는 어떻게 이해하는가? 동역 교회와 성도를 지나치게 의식하지 말고 마음 편히 사역하라는 말이다. 보고를 위한 보고를 할 필요가 없다는 말이다. 선교사가 사역하느라 바쁠 거라고 생각하고 선교사의 사정을 헤아리는 말이다.

하지만 결코 선교 편지와 선교 보고가 필요 없다는 말이 아니다. 선교 편지는 선교사가 자발적으로 알아서 적절하게 잘 하기를 바라는 말이다. 선교사의 연락이 너무 뜸해서 목회자나 선교 담당 장로, 성도의 입장이 곤란해질 수 있다.

미션펀드(missionfund.org)는 2019년 7월에 흥미로운 설문 조사를 했다. 이 기관을 통해 후원하는 303명의 재정 동역자들을 대상으로 선교 재정 모금에 대해 물었다. 질문들 중에 선교 편지를 얼마나 자주 받으면 좋을지를 물은 질문이 있었다.

이 질문에 응답한 사람들 중에 매월 소식을 듣기 원하는 사람은 22.1퍼센트였다. 그리고 41.9퍼센트는 분기마다 한 번씩, 13.9퍼센트는 일 년에 두 번 정도는 선교사로부터 소식을 듣기 원했다.

303명의 응답자 중에서 64퍼센트의 사람은 최소한 3개월에 한 번씩은 선교 편지를 받기 원했다. 이 조사에 따르면, 재정 동역자 3명 중 2명은 선교사로부터 최소한 분기마다 선교 편지를 받고 소식을 듣기 원한다.

사도 바울을 보라. 선교사 바울이 의사소통에 얼마나 열심을 내었는가? 사도 바울은 우편 제도도 없고, 교통도 말할 수 없이 불편하던 시절에 살았다. 그럼에도 불구하고 바울은 열심히 서신으로 여러 교회와 의사소통했다. 지난 2,000년 동안, 바울이 서신들을 통해 기독교인들에게 끼친 영향은 헤아릴 수 없다. 2,000년 전에 의사소통에 열심을 내었던 바울을 모델 삼아 동역자들과 의사소통하려고 노력하자.

**셋째, 선교 편지의 독자를 고려하자.**
선교사에게 선교지와 선교지의 사람들은 아주 친숙하다. 하지만 선교사의 선교 편지를 읽는 독자들에게는 전혀 그렇지 않다. 이것을 감안하고 선교사는 의사소통할 때에 독자가 읽기 쉽고 이해하기 쉽게 노력해야 한다.

이것을 이해하려면, 선교사 자신이 가 보지 않은 나라에서 사역하는 선교사의 선교 편지를 읽어 보라. 예를 들어, 캄보디아 선교사는 아프리카 선교사의 선교 편지를 읽어 보라. 과연 얼마나 이해할 수 있을까?

자신이 가 보지 않은 아프리카의 낯선 이름들과 사건을 읽고 이해하는 것은 쉽지 않다. 타문화권을 비교적 잘 이해하는 선교사라 해도 다른 나라의 지명이나 사건들이 잘 설명되어 있지 않으면 선교 편지의 내용을 제대로 이해하기 쉽지 않다.

**넷째, 영적인 이야기를 하자.**

지난 몇 개월 동안, 선교사가 이것을 했고 저것을 했고 하는 식의 선교 활동을 선교 편지에는 나열하지 않는 것이 좋다. 한국 교회와 성도들은 무슨 내용을 기대하며 선교사의 기도 편지를 읽을까? 무엇보다도 영적인 이야기이다. 하나님이 그 땅에서 하신 일, 선교사의 영적 깨달음, 현지인이 변화된 이야기일 것이다.

가시적 성과를 기대하는 한국 교회가 있는 것도 사실이다. 전도된 사람이 몇 명인지, 교회가 개척되었는지, 설립한 학교의 학생은 몇 명인지, 사회 복지 시설의 수용 인원이 몇 명인지 등, 이것들이 중요하지 않은 것은 아니다.

그렇지만 7장에서 언급한 것처럼, 선교 편지에 선교지의 영적 이야기 하나를 잘 정리하면 어떨까? 영적 사건에 대한 스토리텔링을 하는 것이다. 기도로 병든 자가 낫고 귀신이 쫓겨 나가는 이야기, 현지인의 회심 이야기, 현지인이 인생의 역경을 믿음으로 극복한 이야기, 선교사가 타문화권에 살며 새롭게 깨닫게 된 성경 이야기, 요청했던 기도가 응답된 이야기, 비범한 소재가 대단한 스토리텔링을 만드는 것이 아니다. 영적 관점을 가지고 있는 것이 좋은 스토리텔링을 만든다.

선교사는 선교지의 영적 이야기를 통해 한국 교회와 성도의 신앙 성장에 큰 공헌을 할 수 있다. 안타깝게도 이 점을 간과하는 선교사가 적지 않다. 선교지의 영적 이야기는 한국 교회에 큰 유익을 준다. 선교사의 영적 이야기를 통해 한국 교회는 영적 활력을 얻을 수 있고 하나님의 역사를 볼 수 있다.

기도 제목만 나열하지 말고, 기도 제목별로 설명을 첨부하면 더 좋다. 왜 그런 기도를 요청하는지, 기도 응답의 결과가 무엇일지를 설명하는 것이 필요하다. 또한, 과거에 요청했던 기도 제목들 중에 성취 또는 부분 성취된 것을 공유하자. 이것은 선교사와 재정 동역자 사이에 공동체 의식을 조성하는 데 도움이 된다.

**다섯째, '기승전돈'을 피하자.**
모금을 목적으로 선교 편지를 작성했는가, 아니면 선교 편지를 쓰다 보니 재정의 필요까지 언급하게 된 것인가? 간혹 선교 편지가 '기승전돈'의 구조로 작성될 수도 있다. 이 형식을 자주 사용하면, 이편지를 읽는 사람은 간접 재정 요청에 피로감을 느끼고 아예 선교 편지를 읽지 않으려고 할 것이다.

공교롭게도 내가 접하는 선교 편지들의 절반 이상이 '기승전돈'의 형식을 따르는 것 같다. 이 편지들의 구성은 대개 이렇다. 지난 수개월 동안의 사역을 소개한다. 가족들에 대한 이야기를 조금 포함시킨다. 마지막으로 기도 제목 몇 개를 나눈다. 기도 제목들 중에는 재정적 필요도 들어 있다.

선교사는 자신의 선교 편지가 '기승전돈'의 형식을 띠지 않도록 주의해야 한다. 만약 재정 모금을 목적하지 않았다면, 선교사는 자신의 선교 편지가 '기승전돈'의 형식이 되지 않도록 더욱 주의를 기울여야 한다. 재정 모금의 목적이 있더라도, '기승전돈'의 형식은 제한적으로 사용해야 한다. 그렇지 않으면 기대한 만큼 모금이 되지 않아서 실망할 수 있고, 동역 교회와 성도들은 선교 편지를 식상하게 느낄 수 있다.

**여섯째, 자기만의 방법을 개발하자.**
자신에게 편하고 효과적인 방법이 좋은 방법이다. 어떤 학생은 과제 준비를 일찍 시작하고, 어떤 학생은 마감일에 가까웠을 때 한다. 대개의 경우 미리 준비한 학생의 과제의 수준이 낫지만, 그렇다고 반드시 그런 것도 아니다. 선교사가 자신에게 알맞은 선교 편지 작성법을 연구하고 개발하는 것이 가장 적절하다.

  선교사 후보생이나 신임 선교사라면 모든 것이 낯설고, 선교 편지도 낯설 수 있다. 이때는 선교 편지를 쓰는 것이 부담스러울 수 있고 서툴러서 실수할 수도 있다. 다른 사람의 선교 편지를 참고해도 좋다. 좋은 것은 따라 하고, 좋지 않은 것은 따라 하지 않으면 된다.

  선교사로 사역한 지 벌써 3, 4년이 지났는데도 매번 선교 편지 작성이 어렵다면, 선교사 스스로 이것을 가볍게 넘겨서는 안 된다. 물론, 더 잘 쓰려고 하다 보면, 스트레스를 받고 편지 작성이 어렵게 느껴질 수 있다. 그렇지만 선교 편지를 작성하는 것이 매번 새롭고 처음 하는 것처럼 느껴진다면 그것은 문제가 있는 것이다.

**일곱째, 선교 편지에 모든 것을 담을 수 없다는 것을 기억하자.**
선교사가 알고 있는 것을 기도 동역자와 재정 동역자들이 모두 알 수 있다면 참 좋다. 그렇다고 해서, 모든 것을 한 번에 다 선교 편지에 담으면 적절한 의사소통이 이루어지지 않는다. 많은 사건과 일 중에서 두세 가지를 선별해서 집중하는 것이 좋다. 많은 것을 알리고 싶으면 자주 쓰면 된다.

선택한 주제들을 가급적 구체적으로 설명하는 것이 바람직하다. 다음 두 가지 예 중에 어느 것이 선교 사역을 이해하는 데 도움이 되는가? "비렌드라가 얼마 전에 큰 은혜를 받고 엄청 많이 변화되었습니다." "비렌드라가 1월 셋째 주에 우리가 준비한 신앙 수련회에 참석했습니다. 지난번 선교 편지에서 기도 요청을 드렸던 그 신앙 수련회입니다. 비렌드라가 설교를 통해 바울의 회심 사건을 들으며, 자신은 그런 경험이 없다는 것을 깨닫고 심각하게 기도했다고 합니다. 그는 예수님을 믿지만 아직도 옛 모습들이 자신에게 남아 있음을 회개했습니다. 그는 집으로 돌아가서 부적들을 버렸습니다."

한편, 자신의 사역을 종합적으로 소개하는 내용을 약 한 페이지 분량으로 간략히 정리하면, 나무를 보느라 숲을 보지 못하는 오류를 막을 수 있다. 이것은 자신의 사역을 점검하는 데에도 사용될 수 있다. 그리고 기도 동역자와 재정 동역자들이 선교사의 사역을 이해하는 데에도 도움을 준다.

다음 내용들을 참고해서 사역을 정리하기를 제안한다.

- 선교사가 하는 사역들을 모두 간단히 소개하고 진척의 정도를 설명한 후 목표를 성취하는 데 필요한 것들을 설명한다.
- 특정 사역을 고려하게 된 배경을 설명하고 시작한 시기를 언급한다.
- 특정 사역이 왜 필요한지를 현지 자료와 함께 설명한다.
- 특정 사역의 내용이 무엇인지를 설명한다.

- 특정 사역이 거둔 열매가 있다면, 그것을 소개한다.

선교 환경이 지구촌 곳곳에서 악화되고 있다. 선교 편지가 추방 혹은 입국 거절의 근거가 되지 않도록 보안에 큰 관심을 가져야 한다. 보안이 걱정된다고 한국 교회와 성도들과 의사소통을 중단할 일은 아니다. 이전보다 더 조심하되, 이전보다 더 많이 의사소통을 해야 한다.

| 부록 2 |

## 선교 프로젝트 모금의 예

지난 수년 동안, 나는 여름 방학 때마다 학생들과 함께 해외 봉사를 다녀왔다. 2013년에는 교수, 직원, 학생을 포함하여 총 230명이 영국에 다녀왔다. 엄청난 규모였다. 230명이 10개 조로 나뉘어 영국의 10개 도시에 흩어져서 사역을 했다. 2014년, 2015년, 2018년에는 열 명이 넘는 학생들과 네팔에 다녀왔다. 2016년에는 몽골에도 다녀왔다. 2017년에는 나를 대신하여 다른 교수님이 학생들을 인솔해서 캄보디아에 다녀왔다. 여름 해외 봉사를 통해 선교 프로젝트 모금에 대한 다양한 경험을 할 수 있었다.

2013년의 경우, 구체적인 모금 활동이 없었다. 학생들은 기도 카드를 만들어 주변 사람들에게 나누어 주며 기도를 요청했다. 주변에서 하는 것을 보고 따라 한 것이다. 말이 기도 요청이지, 재정 후원을 기대했다. 이들에게 기도 카드를 받은 성도 중 일부가 재정 후원을 했다. 200만 원이 넘는 비용 중 대부분을 학생들이 자비로 부담했다.

2014년 여름 해외 봉사부터 학생들에게 재정 모금 방법을 가르쳐 주고 모금하도록 독려했다. 모금 방법을 구체적으로 계획했다.

우리가 모금을 하기 위해 사용한 방법은 자전거 타기 행사였다. 자선 마라톤 대회, 자선 골프 대회 등을 통한 서양의 모금 행사를 학생들의 상황에 맞게 자전거 타기로 바꾼 것이다. 마침 아세아연합신학대학교 옆으로 아름다운 자전거 길이 있어서 안성맞춤이었다.

이 모금 활동을 성공적으로 완수하면, 50만 원의 재정을 모금할 수 있었다. 이것은 전체 경비의 약 40퍼센트에 해당하는 금액이었다. 학교에서 주는 후원금 등 이런저런 돈을 합치면, 학생 본인이 부담하는 돈은 50퍼센트를 넘지 않았다. 남학생은 50킬로미터를 타되, 1킬로미터마다 1만 원 후원자를 구해야 했고, 여학생들은 25킬로미터를 타면서 500미터마다 1만 원 후원자를 구해야 했다. 단, 이것을 하기 전에 재정 후원자를 먼저 모집해야 했다.

이 모금 방법의 핵심은 가급적 많은 사람에게 해외 봉사를 위해 자전거 타기 행사를 한다고 설명하고, 후원을 요청하는 것이었다. 기부할 만한 사람을 찾아서 설명하는 것이 아니라, 가급적 많은 사람에게 설명하고 요청하라고 학생들에게 주문했다. 2014년, 이 모금 행사를 처음 했을 때에는 충실히 이행한 학생들도 있었지만, 그렇지 않은 학생이 더 많았다. 심지어 전혀 하지 않은 학생도 있었다. 그해에는 목표액의 절반 정도만을 모금하는 데 그쳤다.

2015년의 모금 행사는 이전 해보다 나았다. 일단 거의 모든 학생이 시도했다. 목표액을 모두 모금한 학생이 여럿 나왔다. 나머지 학생들은 목표액의 일부라도 모금했다. 전년도에 비해 목표액에 꽤 많이 접근했다.

2016년에는 드디어 목표액을 초과 달성했다. 이 해에도 목표액을 달성하지 못한 학생들도 있었다. 한편, 개인 목표액을 초과 달성한 학생이 여럿 나왔다. 과연 모금이 될까 했던 학생들도 동료 학우의 모금 활동과 결과를 접하고 나서 바뀌었다. 그 결과, 총액 기준으로 목표액을 초과 달성했다. 나는 학생들에게 목표액을 강조하지 않고, 많은 사람에게 헌금 요청하는 것을 강조했다. 모금은 모금자 개인의 능력에 달려 있지 않았고, 얼마나 많은 사람에게 해외 봉사에 대해 알렸는지에 달려 있었다.

2018년 여름 해외 봉사를 위해 또 모금을 했다. 그간 여러 차례 모금 활동을 해왔기 때문에, 학생들은 당연히 모금을 해야 하는 줄 알았다. 다만, 어떻게 해야 할지 모르고 두려워하는 것은 이전 해와 같았다. 이전과 달라진 점은 이전에는 특정 목표 인원수를 정하지 않고 가급적 많은 사람에게 요청했지만, 이 해에는 한 사람당 100명에게 후원 요청을 했다는 것이다. 이 해에도 대부분 목표액을 초과 달성했고, 소수만이 개인 모금 목표액을 달성하지 못했다.

참여한 학생들 중에 두 명의 모금 실적이 저조했는데, 그 이유는 이들이 배운 대로 하지 않았기 때문이었다. 이 두 명은 사람들을 직접 만나지 않고 모바일 메시지로만 연락했고, 후원을 요청하는 대신에 기도 요청만 한 것이다. 그렇지만 전체적으로 재정이 남아서 학생들의 본인 부담 금액을 많이 줄였고, 다른 단기 선교 팀에게 적잖은 돈을 헌금하기도 했다.

20대 학생들이 프로젝트 모금을 성공적으로 하게 되었다. 이렇게 할 수 있었던 비결은 놀랍거나 신비스러운 것이 전혀 아니다. 가급적 많은 사람을 직접 만나서 재정 후원을 요청하는 것이었다.

| 부록 3 |

## 한국인은 얼마나 오랫동안 기부할까?

강철희 외 2인과 양성욱은 기부와 관련해서 매우 흥미로운 연구를 했다. 연구의 주제는 '한국인은 비영리기관에 얼마나 오랫동안 기부하는가?'이다. 두 연구 모두 비슷한 시기에 해당하는 데이터를 연구했을 뿐 아니라, 비교적 최신의 데이터이기에 주목해 볼 만한 가치가 있다. 다만, 이 두 연구는 다른 표본 데이터들을 사용했다.

강철희 외 2인은 국내 대형 비영리 단체 한 곳의 10년 동안 누적된 자료(2005년부터 2014년까지)를 가지고 약 19만 명 규모의 정기 기부자들의 기부 지속과 중단에 대한 연구를 했다.

양성욱은 한국복지패널 데이터(2006년부터 2015년까지 총 10년)를 사용해서 두 가지를 연구했다. 하나는 개인이 기부 활동에 일정 기간 동안 연속적으로 참여하는 것을 의미하는 기부 지속 기간을 증가시키는 요인들이고, 다른 하나는 개인이 기부 중단 뒤에 다시 참여하기까지의 소요 시간을 단축시키는 요인들을 연구했다.

강철희 외 2인의 연구에 따르면 첫째, 지역과 연령, 약정 금액에 따라 기부 지속 기간이 달랐다. 우선, 지역에 따라 평균 기부 지속 기간이 달랐는데, 호남 지역이 약 35개월로 가장 높은 지속 기간을 갖는 것으로 나타났고, 경기 지역이 약 31개월, 호서 지역이 약 29개월로 그 뒤를 잇는 것으로 나타났다.

반면, 서울 지역이 약 18개월, 강원 지역이 약 21개월로 종합적으로 볼 때 지역별 편차가 큰 것으로 나타났다. 서울과 대도시는 기부할 수 있는 기회가 많고, 지출도 많을 뿐 아니라, 시간 흐름의 속도가 빠른 것이 기부 지속 기간에 영향을 끼쳐서 짧지 않았을까 추측한다. 기부 중단을 방지하는 방법은 의사소통의 질과 양을 늘리는 것이다. 자주, 정기적으로 의미 있는 의사소통을 할 수 있다면, 기부 지속 기간이 늘어날 것이다.

둘째, 연령에 따라 평균 기부 지속 기간이 달랐다. 40대와 50대가 약 26개월로 상대적으로 조금 더 긴 기간 기부를 지속한 것으로 나타났으며, 20대 그룹이 16.7개월로 상대적으로 낮은 기부 지속 기간을 갖는 것으로 나타났다. 사회적으로 보았을 때, 40대와 50대가 직업상 안정되어 있고 소득도 비교적 높다.

하지만 은퇴 이후의 사람들은 소득의 급격한 감소로 기부 중단을 결정하기 쉽다. 이 시기의 재정 동역자들에게는 은퇴하기 전에 미리 연락해서 그동안의 후원에 감사의 마음을 표하고, 은퇴 이후의 삶을 위해 기도를 하고, 후원금도 감액 조정을 제안하는 것을 고려할 만하다. 20대와 30대는 아직 직업적으로 안정되지 않아서 소득이 높지 않을 수 있다. 이들에게는 소액 기부를 할 수 있도록 요청하고 의사소통을 긴밀하게 하면서 미래에 이들이 재정 동역의 기회를 가질 수 있도록 하는 것도 좋다.

셋째, 약정 금액에 따라 평균 기부 지속 기간이 달랐다. 10만 원

이상의 경우에서 지속 기간이 상대적으로 가장 낮은 것으로 나타났고, 10만 원 미만의 경우들에서는 4만 원에서 10만 원 미만의 집단이 상대적으로 긴 기부 지속 기간을 보였다.

참고로 10만 원 이상의 기부자는 매우 적은 수였고, 96퍼센트의 사람들이 4만원 미만의 금액을 기부했다. 기부를 요청할 때에는 적은 금액보다는 큰 금액이 낫다. 하지만 그 금액이 과도할 경우에는 기부의 조기 중단의 원인이 될 수 있다고 해석될 수 있다. 절대 다수의 사람들은 4만원 미만의 금액을 후원했다.

따라서 후원 금액을 선택할 수 있도록 후원 요청서를 만든다면 5천 원, 1만 원, 2만 원, 3만 원, 5만 원을 제안하는 것이 효과적일 수 있다. 교회 및 단체 후원의 경우, 5만 원, 10만 원, 20만 원, 30만 원을 제안하면 될 것이다.

넷째, 이 연구는 또 기부자들 중에 4분의 1 정도의 사람들과 2분의 1 정도의 사람들이 기부를 중단하는 시점을 제시했다. 이 연구에 사용된 전체 178,125명의 정기 기부자들 중에 4분의 1은 기부를 시작한지 11.2개월 되는 시점에서 기부를 중단했다. 기부의 시작에서 중단까지 1년이 채 걸리지 않았다. 정기 기부자가 2분의 1로 줄어드는 시점은 약 28.5개월이었다.

2년이 조금 지나면, 기부자의 절반이 기부를 지속하지 않고 중단하는 것이다. 기부 중단 시점은 양성욱의 연구와도 대략 비슷하다. 물론, 두 연구 사이에 몇 개월씩의 차이가 있기는 하지만 대략 3년 전후에 약 50퍼센트의 기부자들이 기부를 중단한다.

양성욱의 연구 결과를 소개하면 이렇다. 개인이 얼마나 오랫동안 기부를 지속하는가에 대한 답은 간단히 '그리 오래 참여하지 않는다'라고 할 수 있다. 기부에 참여한 사람 중에 절반이 넘는 사람이 1년 이내에 중단했다. 그 뒤로 2년 동안 완만한 곡선으로 기부 중단이 일어나고 매우 소수의 사람만이 9년 동안 지속적으로 기부했다.

그럼 어떤 요소들이 기부 지속과 중단 후 재참여에 영향을 끼치는가? 여성이 남성보다, 부양인이 피부양인보다, 대도시 거주민이 다른 지역 거주민보다, 그리고 소득이 많을수록, 교육 수준이 높을수록 오래 후원하고 중단 후 재참여까지 걸리는 시간이 짧다. 나이가 많아질수록 오래 후원하고 중단 후 재참여까지 걸리는 시간이 짧지만, 49세 이후로는 기부 기간이 짧아지고 중단 후 재참여까지 걸리는 시간이 길어진다.

양성욱의 연구를 통해 선교 재정 모금을 하는 사람들은 무엇을 배울 수 있을까? 첫째, 재정 후원자들이 초기에 많이 기부를 중단한다. 이들이 중단하지 않고 지속적으로 후원할 수 있는 방안을 모색해야 한다. 둘째, 9년 동안 지속적으로 기부한 사람이 극소수이다. 즉, 신실하게 후원하는 것이 일반적인 것이 아니라, 1년 내에 혹은 3년 내에 후원 중단하는 것이 일반적이다. 셋째, 3년 이상 혹은 5년 이상 장기 재정 동역자는 특별한 사람이고, 이들을 소중히 대우해야 한다. 넷째, 새로운 후원자 개발보다 기존 후원자들의 기부 중단을 방지하는 것이 훨씬 쉽다. 다섯째, 후원자들의 기부 중단을 방지하기 위해 정기적인 의사소통이 필요하다.

강철희 외 2인의 연구와 양성욱의 연구는 선교 재정 기부에 대한 것이 아니다. 일반 사회 비영리 기관들을 대상으로 한 연구였다. 그리고 이 연구 데이터에 수집된 표본들 역시 기독교인만을 대상으로 한 것이 아니다. 그러나 이 두 연구는 선교 재정 모금을 위해 참고하며 도움을 얻을 만한 좋은 자료이다.

더 자세한 내용을 원한다면, 학술연구정보서비스(www.riss.kr)에서 아래 논문을 검색하면 된다.

- 강철희, 박태근, 오장용. "정기 기부자의 기부 지속과 중단에 관한 연구." 「한국사회복지행정학」 18(3) (2016): 153-175.
- 양성욱. "개인 기부자의 기부 지속에 대한 영향 요인 검증 재발 사건 분석의 적용." 「한국지역사회복지학」 65(2018): 65-101.

| 부록 4 |

## 선교 재정 모금의 공식

선교 재정 모금을 처음 하거나 아직 이 일에 익숙하지 않은 선교사라면 이 일이 막연하게 보일 수 있다. 선교사들에게 선교 재정 모금은 밑도 끝도 없는 사역으로 보일 수 있다.

   선교사들은 선교 재정 모금을 위해 해야 할 활동들이 무엇이고, 이것들을 얼마나 성실히 해야 하는지를 궁금해할 수 있다. 선교사들 중에는 자신이 모금 사역을 어느 정도 해야 충분한지 알고 싶어 할 수도 있다.

   이런 궁금증을 조금이나마 해소할 수 있도록 돕기 위해 모금 공식을 만들어 보았다. 이 공식의 목적은 선교사들에게 모금이 막연하게 보이지 않도록 돕고, 모금 활동 영역이 무엇인지 명확히 알며, 얼마나 성실하게 모금 활동을 하고 있는지 스스로 평가하도록 돕는 것이다.

$$f = \frac{a}{(20+80)} \times \frac{i}{4} \times \frac{p}{m} \times \frac{y}{10}$$

f는 한 선교사 가정의 모금액을 의미하며, 1 이상은 모금액을 달성 혹은 초과 달성했다는 뜻이고, 1 미만이면 모금액이 부족한 상태를 뜻한다. 선교사 가정마다 모금액이 다를 것이다. 여기서는 선교사 가정이 안정되고 불편하지 않을 수준의 생활비를 고려하면 좋을 것이다. 선교사 가정마다의 구체적인 금액의 차이는 그다지 중요한 요소가 아니다.

a는 동역 요청의 횟수이다. 단체 메일이나 SNS에 동시에 여러 사람이 볼 수 있도록 동역 요청 글을 게시하는 것은 포함되지 않는다. 사역을 위해 기도해 달라고 요청하는 것도 포함되지 않는다. 이 책 8장의 내용에 따라 구체적이고 명확하게 재정 동역을 요청한 것만 포함된다.

(20+80)은 20개 교회와 80명의 성도들을 뜻한다.

i는 1년간 발송하는 선교 편지의 횟수이다.

4는 1년간 발송해야 하는 선교 편지가 분기별로 1회씩 총 4회인 것을 의미한다.

p는 동역자와의 관계를 증진시키기 위해 매주 정기적으로 하는 활동의 수를 말한다.

m은 선교사의 사역 종류의 수를 뜻한다.

y는 선교사가 사역지에 거주하며 사역한 기간으로 연 단위로 숫자화한 것이다. 예를 들어, 선교사가 선교지에 8년 있었으면 y의 자리에 8을 기입하면 된다.

위 공식을 예를 들어 적용하면 이렇다. 김한국 선교사는 4인 가정으로 매월 2,500달러가 생활비로 필요하다. 이것을 위해 김한국 선교사는 15교회와 70명의 성도들에게 재정 동역 요청을 했고, 매 분기마다 자신의 사역과 하나님의 역사를 간증하는 선교 편지를 동역자들에게 보낸다. 김한국 선교사는 교회 개척, 고아원 운영, 초등학교 운영을 하고 있고, 동역자들과 의사소통을 위해 선교 편지, 페이스북 운영, 재정 동역자들과 메신저 대화를 하고 있다. 김한국 선교사는 선교지에 온 지 12년이 되었다.

이 내용을 선교 재정 모금 공식에 넣어 계산해 보면, 1.02가 나온다. 이 수치로 볼 때, 김한국 선교사는 필요한 재정이 채워지고 있는 것이다.

$$1.02 = \frac{85}{(20+80)} \times \frac{4}{4} \times \frac{3}{3} \times \frac{12}{10}$$

다른 예를 들어 보자. 이은혜 선교사는 5인 가정으로 매월 3,000달러가 생활비로 필요하다. 이것을 위해 이은혜 선교사는 25교회와 85명의 성도들에게 재정 동역 요청을 했고, 매 분기마다 자신의 사역과 하나님의 역사를 간증하는 선교 편지를 동역자들에게 보낸다. 이 선교사는 교회 개척과 초등학교 운영을 하고 있으며, 동역자들과 소통하기 위해 선교 편지, 재정 동역자들과 메신저 대화를 하고 있다. 이 선교사는 선교지에 온 지 7년이 되었다.

이 내용을 선교 재정 모금 공식에 적용하면, 1.15가 나온다. 이은혜 선교사가 필요로 하는 재정이 조금 남도록 채워지는 것이다.

$$1.15 = \frac{110}{(20+80)} \times \frac{6}{4} \times \frac{2}{2} \times \frac{7}{10}$$

워낙 변수가 많은 인간의 활동을 공식화하는 것은 매우 힘들다. 이 공식에 비법이 있거나 신비한 능력이 있는 것도 아니고, 조금의 오차가 없는 것도 아니다. 다만, 이 공식은 선교사들에게 모금이 막연하게 보이지 않도록 돕고, 모금 활동 영역이 무엇인지 명확히 알며, 얼마나 성실하게 모금 활동을 하고 있는지를 스스로 평가하도록 돕기 위한 것이다. 일반적으로 선교사들의 실제 모금 결과는 이 공식과 약간의 오차 범위 안에서 일치할 것으로 기대한다. 물론, 모든 상황에는 예외가 있듯 이 공식과 상관없는 예외도 있을 것이다.

| 부록 5 |

## 도움이 될 만한 인터넷 자료와 도서

### A. 인터넷 자료

인터넷에서 "missionary fundraising"으로 검색하면 실용적인 제안들을 접할 수 있다. 대체로 비슷한 내용이 많다.

아래에 소개하는 인터넷 자료들에는 매우 유용한 정보가 많다.

**한국어**

1. "선교와재정" www.facebook.com/missionfund
   - 선교 재정 모금 관련 자료들을 발굴해서 소개함.
   - 재정 모금 도서들에 대한 소개 또는 서평을 게시함.
   - 선교사를 위한 재정 모금 세미나 일정들을 소개함.
2. "한국모금가협회" www.kafp.or.kr
   - NGO를 위한 모금가 교육 일정들을 소개함.

**영어**

1. "get fully funded" 유튜브 채널
   - 소규모 NGO의 재정 모금에 대해 동영상 강의를 함.

- 지속적으로 새로운 동영상들이 올라오고 있음.

2. "Fully Funded Academy" http://marketingformissionaries.com/
    - 선교 사역 모금을 가르치는 유료 온라인 강좌
3. "Asking Matters" https://askingmatters.com
    - 모금가 스타일을 파악할 수 있는 조사를 제공함.
    - 모금에 관한 무료 교육 동영상, 유료 웹 세미나 등의 내용들이 있음.
4. "Retention Fundraising" http://www.retentionfundraising.com
    - 재정 동역자들을 유지하는 방법에 대해 소개함.

B. 도서

선교 재정 모금에 대한 우리말 책은 거의 없다고 해도 과언이 아니다. 다만, NGO 등을 위한 모금에 대한 책들은 최근에 몇 권 출간되었다. 영어 서적의 경우, 우리말 서적에 비해 사정이 많이 낫다.

번역서

- 헨리 나우웬, 김한성 역, 「모금의 영성」, 서울: 포이에마, 2018.
- 로렌 커닝햄, 문효미 역, 「벼랑 끝에 서는 용기」, 일산: 예수전도단, 1993.
- 닐 피롤로, 예수전도단 역, 「보내는 선교사」, 일산: 예수전도단, 2007.
- 앨런 피즈, 민관식, 박순임 역, 「질문이 답이다」, 서울: 이상비즈, 2012.
- 지아 장, 임지연 역, 「거절당하기 연습」, 서울: 한빛비즈, 2017.
- 러스 앨런 프린스, 캐런 마루 파일, 박세연 역, 「기부자의 7가지 얼굴」, 파주: 나남, 2015.

**국내서**

· 정현경, 「모금을 디자인하라」, 서울: 아르케, 2010.

**외서**

· Steve Shadrach, *The God Ask,* Fayetteville: CMM Press, 2016.

· Scott Morton, *Funding Your Ministry,* Colorado Springs: Navpress, 2017.

· Betty Barnett, *Friend Raising,* Seattle: YWAM Publishing, 1991.

· Roger M. Craver, *Retention Fundraising,* Medfield: Emeron & Church, Publishers, 2018.

## 참고 문헌

강철희, 박태근, 오장용, "정기 기부자의 기부 지속과 중단에 관한 연구" 〈한국사회복지행정학〉 18(3)(2016): 153-175.

곽안련(Clark, Charles A.), 「한국 교회와 네비우스 선교 정책」, 박용규, 김춘섭 공역, 서울: 대한기독교서회, 1994.

김은수, 「현대 선교의 흐름과 주제」, 서울: 대한기독교서회, 2015.

김한성, "중국 산동성 선교: 초기 한국 교회의 유일한 타문화권 선교" 〈선교신학〉 29권(2012): 93-126.

＿＿＿, 「한국 교회와 네팔 선교」, 양평: 아세아연합신학대학교 출판부, 2017.

닐 피플로, 「보내는 선교사」, 예수전도단 역. 고양: 예수전도단, 1991.

로라 아릴라가 안드레센, 2012, 「기부 2.0」, 최성환 외 역, 서울: W미디어.

로저 스티어, 「허드슨 테일러-상」, 윤종석 역, 서울: 두란노서원, 1990.

＿＿＿, 「허드슨 테일러-하」, 윤종석 역, 서울: 두란노서원, 1990.

박정연, "캄보디아에 기증한 우물, 어쩌다 이렇게 됐을까" 〈오마이뉴스〉, 2016년 1월 30일.
http://www.ohmynews.com/NWS_Web/View/at_pg.aspx?CNTN_CD=A0002178278&CMPT_CD=SEARCH

박영환, 「선교 정책과 전략: 한국 교회 교단별」, 인천: 도서출판 바울, 2006.

박유리, 노현웅 "포스코건설 횡령 미스터리……109억 타내기 식은 죽 먹기였다" 〈한겨레〉, 2015년 5월 22일.
http://www.hani.co.kr/arti/society/society_general/692511.html

백정성, 「한국 교회의 초기 산동성 선교」, 서울: 동서선교개발원, 2012.

비케이 안, CFRE, 「비영리 단체 모금 전략」, 서울: 한국기부문화연구소, 2013.

양성욱, "개인 기부자의 기부 지속에 대한 영향 요인 검증 재발 사건분석의 적용." 〈한국지역사회복지학〉 65(2018): 65-101.

윌리엄 맥어스킬, 「냉정한 이타주의자」, 전미영역, 서울: 부키, 2017.

이재현, 「모금의 비밀: 나팀장 보고서」, 서울: 아르케, 2014.

임윤택, 「해방 후 최초의 선교사 체험기」, 서울: 두란노서원, 2009.

전재옥, "한국 교회가 파송한 선교사들의 현황 분석과 선교 전략 문제에 관한 연구" 〈한국문화연구원 논총〉 48권(1986). 363-400.

정승현, "하나님의 선교, 세상 그리고 샬롬" 〈선교와 신학〉 24집(2009): 243-278.

정현경, 「모금을 디자인하라」, 서울: 아르케, 2010.

제니퍼 맥크리거, 제프리 C. 워커, 칼 웨버, 「즐거운 모금 행복한 기부」, 송철복 역, 서울: 나남, 2015.

조지 버워, 「약한 나를 강하게」, 이영규, 송재홍 역, 서울: 예영커뮤니케이션, 2014.

죠이선교회, 「[죠이선교회] 죠이선교회 재정 정책과 관련해서_첫글」, 2018년 7월 27일 접근, http://joymission.tistory.com/33

크래그 힐, 얼 피츠, 「그리스도인의 재정 원칙」, 허령 역, 서울: 예수전도단, 2001.

킴 클라인, 「모금이 세상을 바꾼다」, 이정화 역. 서울: 아르케, 2007.

허버트 케인, 「선교사의 생활과 사역」, 백인숙 역. 서울: 두란노서원, 1990.

헨리 나우웬, 「모금의 영성」, 김한성 역. 서울: 포이에마, 2018.

Barnett, Betty. *Friend Raising*. Seattle, WA: YWAM Publishing, 1991.

Bonk, Jonathan J. *Missions and Money*. Maryknoll, NY: Orbis Books, 1991.

Doran, G. T. "There's a S.M.A.R.T. way to write management's goals and objectives." *Management Review*. AMA FORUM. 70(11)(1981): 35-36.

Hutton, J. E. *A History of Moravian Church*. Charleston, Bibliobazzar, 2006.

Glover, Robert Hall. *The Progress of World-wide Missions*. New York: Harper & Brothers Publishers, 1939.

Morton, Scott. *Funding Your Ministry: A Field Guide for Raising Personal Support*. Colorado Springs, CO: NavPress, 2017.

Nouwen, Henry J. *A Spirituality of Fundraising*. Nashiville, TN: Upper Room Books, 2010.

Schwarz, Gerold. Karl Hartenstein 1894-1952: Missions with a Focus on "The End." *Mission Legacies*. MaryKnoll, NY, Orbis Books, 1996.

Shadrach, Steve. *Viewpoints: Fresh Perspectives on Personal Support Raising*. Fayetteville, AR: CMM Press, 2015.

_____, *The God Ask*. Fayetteville, AR: CMM Press, 2016.

Slaughter, Mike. *The Christian Wallet*. Louisville, KY: Westminster John Knox Press, 2016.

Sommer, Pete. *Getting Sent: A Relational Approach to Support Raising*. Downers Grove, IL: IVP Books, 1999.

William Sr., Michael E. & Walter B. Shurden eds. *Turning Points in Baptist History*. Macon: Mercer University Press, 2011.

주

## 2장

1 Karl Hartenstein, "Theologische Besinnung," In Walter Freytag ed. *Mission zwiszhen Gestern und Morgen* (Sttutgart: Evang. MissionsVerlag, 1952), 54를 김은수, 「현대 선교의 흐름과 주제」(서울: 대한기독교서회, 2015), 108-109에서 재인용.
2 정승현, "하나님의 선교, 세상 그리고 샬롬." 〈선교와 신학〉 24집: 243-278.
3 박유리, 노현웅 "포스코건설 횡령 미스터리……109억 타내기 식은 죽 먹기였다" 〈한겨레〉, 2015년 5월 22일.

## 3장

1 J. E. Hutton., *A History of Moravian Church.* Charleston, (Bibliobazzar, 2006), 219.
2 Robert Hall Glover. *The Progress, of World-wide Missions.* (New York: Harper & Brothers Publishers, 1939, 102.
3 로저 스티어, 「허드슨 테일러상」, 윤종석 역(서울: 두란노서원, 1990), 162.
4 앞의 책, 163쪽.
5 앞의 책, 200-201쪽.
6 앞의 책, 220쪽.
7 앞의 책, 105-106쪽.
8 백정성, 「한국 교회의 초기 산동성 선교」(서울: 동서선교개발원, 2012), 71.
9 앞의 책, 141쪽.
10 앞의 책, 134쪽.

11  곽안련(Clark, Charles A.),「한국 교회와 네비우스 선교 정책」, 박용규, 김춘섭 공역(서울: 대한기독교서회, 1994), 293-294.

12  백정성,「한국 교회의 초기 산동성 선교」(서울: 동서선교개발원, 2012), 147.

13  앞의 책, 148, 167쪽.

14  앞의 책, 108쪽.

15  앞의 책, 186쪽.

16  앞의 책, 189쪽.

17  임윤택,「해방 후 최초의 선교사 체험기」(서울: 두란노서원, 2009), 37.

18  앞의 책, 291쪽.

19  앞의 책, 296쪽.

20  앞의 책, 300-306쪽.

21  앞의 책, 292-293쪽.

22  앞의 책, 297쪽.

23  박영환,「선교 정책과 전략: 한국 교회 교단별」(인천: 도서출판 바울, 2006)

4장

1  헨리 나우웬,「모금의 영성」, 김한성 역(서울: 포이에마, 2018), 51.

2  앞의 책, 70쪽.

5장

1  허버트 케인,「선교사의 생활과 사역」, 백인숙 역(서울: 두란노서원, 1990), 75.

2  조지 버워,「약한 나를 강하게」(서울: 예영커뮤니케이션, 2014), 295.

3  김한성,「한국 교회와 네팔 선교」(양평: 아세아연합신학대학교 출판부, 2017), 83.

4  Henry J. Nouwen., *A Spirituality of Fundraising*.(Nashville, TN: Upper Room Books, 2010) 35-46.

5   죠이선교회,「[죠이선교회] 죠이선교회 재정 정책과 관련해서_첫글」, 2018.

## 6장

1   박정연, "캄보디아에 기증한 우물, 어쩌다 이렇게 됐을까." 〈오마이뉴스〉, 2016년 1월 30일.

## 7장

1   로라 아릴라가 안드레센,「기부 2.0」, 최성환 외 역(서울: W미디어, 2012), 59-61.
2   전재옥, "한국 교회가 파송한 선교사들의 현황 분석과 선교 전략 문제에 관한 연구." 〈한국문화연구원 논총〉 48권 (1986). 372.
3   앞과 같음.

## 8장

1   헨리 나우웬,「모금의 영성」, 김한성 역(서울: 포이에마, 2018), 35.
2   Shadrach Steve. *The God Ask* (Fayetteville, AR: CMM Press, 2016), 31.
3   앞의 책.
4   앞의 책, 154쪽.
5   앞의 책, 160-161쪽.
6   G. T. Doran., "There's a S.M.A.R.T. way to write management's goals and objectives". *Management Review*. AMA FORUM. 70 (11) (1981):35-36.
7   Pete Sommer. *Getting Sent: A Relational Approach to Support Raising*. (Downers Grove, IL: IVP Books, 1999), 19.
8   앞의 책, 37-44쪽.
9   Shadrach Steve. *The God Ask*. (Fayetteville, AR: CMM Press, 2016), 168.
10  앞의 책, 136쪽.

선하고 거룩한 동역

| | |
|---|---|
| 초판 발행 | 2020년 4월 20일 |
| 지은이 | 김한성 |
| 발행인 | 김수억 |
| 발행처 | 죠이선교회(등록 1980. 3. 8. 제5-75호) |
| 주소 | 02576 서울시 동대문구 왕산로19바길 33 |
| 전화 | (출판부) 925-0451 |
| | (죠이선교회 본부, 학원사역부, 해외사역부) 929-3652 |
| | (전문사역부) 921-0691 |
| 팩스 | (02) 923-3016 |
| 인쇄소 | 송현문화 |
| 판권소유 | ⓒ죠이선교회 |
| ISBN | 978-89-421-0444-4  03230 |

책값은 뒤표지에 있습니다.
잘못된 도서는 교환하여 드립니다.
이 책 내용을 허락 없이 옮겨 사용할 수 없습니다.

이 도서의 국립중앙도서관 출판예정도서목록(CIP)은 서지정보유통지원시스템 홈페이지
(http://seoji.nl.go.kr)와 국가자료공동목록시스템(http://www.nl.go.kr/kolisnet)에서
이용하실 수 있습니다. (CIP제어번호: CIP2020013409)